世紀人物100

欲上青天攬明月

李白

楊子儀　著

三民書局

主編的話

世界上最幸福的孩子 ，是他們一出生就有機會接近故事書，想想看，那些書中的人物，不論古今中外都來到了眼前，與他們相識，不僅分享了各個人物生活中的點滴，孩子們的想像力也隨著書中的故事情節飛翔。

不論世界如何演變，科技如何發達，孩子一世幸福的起源，仍然來自於父母的影響，如果每一個孩子都能從小在父母親的懷抱中，傾聽故事，共享閱讀之樂，長大後養成了閱讀習慣，這將是一生中享用不盡的財富。

三民書局的劉振強董事長 ，想必也是一位深信讀書是人生最大財富的人 ，在讀書人口往下滑落的多元化時代，他仍然堅信讀書的重要，近年來，更不計成本，連續出版了特別為孩子們策劃的兒童文學叢書，從「文學家」、「藝術家」、「音樂家」、「影響世界的人」系列到「童話小天地」、「第一次」系列，至今已出版了近百本，這僅是由筆者主編出版的部分叢書而已，若包括其他兒童詩集及套書，三民書局已出版不下千百種的兒童讀物。

劉董事長也時常感念著，在他困苦貧窮的青少年時期，是書使

他堅強向上，在社會普遍困苦，而生活簡陋的年代，也是書成了他最好的良伴，他希望在他的有生之年，分享這份資產，讓下一代可以充分使用，讓親子共讀的親情，源遠流長。

「世紀人物 100」系列早就在他的關切中構思著，希望能出版孩子們喜歡而且一生難忘的好書。近年來筆者放下一切寫作，接下這份主編重任，並結合海內外有心兒童文學的作者共同為下一代效力，正是感動於劉董事長致力文化大業的真誠之心，更欣喜許多志同道合的朋友，能與我一起為孩子們寫書。

「世紀人物 100」系列規劃出版一百位人物故事，中外各占五十人，包括了在歷史上有關文學、藝術、人文、政治與科學等各行各業有貢獻的人物故事，邀請國內外兒童文學領域專業的學者、作家同心協力編寫，費時多年，分梯次出版。在越來越多元化的世界中，每個人都有各自的才華與潛力，每個朝代也都有其可歌可泣的故事，但是在故事背後所具有的一個共同點，就是每個傳主在困苦中不屈不撓，令人難忘的經歷，這些經歷經由各作者用心博覽有關資料，再三推敲求證，再以文學之筆，寫出了有趣而感人的故事。

西諺有云：「世界因有各式各樣不同的人群，才更加多采多姿。」這套書就是以「人」的故事為主旨，不刻意美化傳主，以每一位傳主的生活經歷為主軸，深入描寫他們成長的環境、家庭教育與童年生活，深入探索是什麼因素造成了他們與眾不同？是什麼力量驅動了他們鍥而不捨的毅力？以日常生活中的小故事，來描繪出這些人

物，為什麼能使夢想成真。為了引起小讀者的興趣，特別著重在各傳主的童年生活描述，希望能引起共鳴。尤其在閱讀這些作品時，能於心領神會中得到靈感。

　　和一般從外文翻譯出來的偉人傳記所不同的是，此套書的特色是，由熟悉兒童文學又關心教育的作者用心收集資料，用有趣的故事，融入知識，並以文學之筆，深入淺出寫出適合小朋友與大朋友閱讀的人物傳記。在探討每位人物的內在心理因素之餘，也希望讀者從閱讀中，能激勵出個人內在的潛力和夢想。我相信每個孩子在年少時都會發呆做夢，在他們發呆和做夢的同時，書是他們最私密的好友，在閱讀中，沒有批判和譏諷，卻可隨書中的主人翁，海闊天空一起遨遊，或狂想或計劃，而成為心靈知交，不僅留下年少時，從閱讀中得到的神交良伴（一個回憶），如果能兩代共讀，讀後一起討論，綿綿相傳，留下共同回憶，何嘗不是一幅幸福的親子圖？

　　2006 年，我們升格成為祖字輩，有一位朋友提了滿滿兩袋的童書相送，一袋給新科父母，一袋給我們。老友是美國國家科學院院士，曾擔任過全美閱讀評估諮議委員，也是一位慈愛的好爺爺，深信閱讀對人生的重要。他很感性的說：「不要以為娃娃聽不懂故事，我的孫兒們一出生就聽我們念故事書，長大後

不僅愛讀書而且想像力豐富，尤其是文字表達能力特別強。」我完全同意，並欣然接受那兩袋最珍貴的禮物。

因為我們同樣都是愛讀書、也深得讀書之樂的人。

謹以此套「世紀人物 100」叢書送給所有愛讀書的孩子和家庭，以及我們的孫兒——石開文，他們都是世界上最幸福的孩子，因為從小有書為伴，與愛同行。

簡宛

古時候有個叫費長房的人，一心想學仙術。市集上來了一位神祕的賣藥老頭，沒有人知道他從哪裡來，這個老頭會治百病，還把賺到的錢通通贈給窮人。有一天，費長房無意間看到一個奇怪的景象：老頭趁著四下無人，

轉身一躍，跳入一個空壺。人怎麼可能跳進那麼小的壺？費長房大吃一驚，認為這個老頭絕對不是凡人，於是第二天便開始為老頭打掃、送飯，老頭也不道謝。日子一久，老頭被費長房的誠心感動，交代他等傍晚人潮散去時來見自己。費長房高高興興的赴約，老頭帶著他輕輕一跳，費長房只覺得一陣暈眩，一眨眼便穿過壺口，一座巍峨富麗的宮樓霎時矗立眼前。老頭這才告訴費長房：「我本來是天上的神仙，因為犯了錯而被貶到人世。」

後來，費長房表示想學仙術，老頭告訴他學仙術必須通過三個難關，於是設下猛虎、毒蛇等幻術考驗費長房，費長房都通過了，然而最後一關喝下汙臭有蟲的湯藥卻讓他怯步。老人嘆口氣說：「你注定無法成為天上的神仙，只能做地上的高人！」於是傳授他驅鬼治病的符籙。多年之後，費長房算出九月九日會有災禍降臨，便帶領鄉人佩帶茱萸，登高避難，躲過一場浩劫。

撰寫李白的故事時，不自禁的想到這個老愛跳入壺中的老頭。對貶謫到凡世的老頭而言，比起人間，壺中世界才是他的家。在後人眼中，李白也是一位謫仙，相較於紛擾的現實世界，芳醇醉人的酒鄉才是他的故里。李白喜歡喝酒，喜歡月亮，喜歡神仙道術，我常常想，如果李白遇見那位神祕的賣藥老頭，學會一身法術，他會不會也轉身一躍，跳進那只映著月光的小小酒壺？

　　念中學的時候，學校規定每個禮拜都要交一篇小楷。格子很小（差不多和指甲一樣大），一筆一畫都需要很大的耐心，為了讓沒耐性的自己好好把這份功課寫完，我會翻書挑選喜歡的詩，拿它來寫小楷作業。李白的詩雀屏中選的機率遙遙領先其他詩人，因為愛看武俠小說的我覺得李白的詩真是帥極了！又有酒，又有劍，一派豪爽霸氣。抄寫這些詩句，讓我覺得自己也變成金庸筆下仗劍飲酒的瀟灑俠客。最重要的是：它讓處於沉重升學壓力下，被課業壓得喘不過氣來的我，呼吸到「自由」。

　　活潑自由的氣息，奇幻美麗的色彩，交織成李白絢爛的詩歌王國。李白是一個狂傲不羈的詩人，他筆下洋溢的自由氣息令千千萬萬人不忍釋卷。人們嚮往自由，但是大部分的人終生掙脫不開現實的枷鎖，只能像行星一樣，日復一日按照既定的軌道運轉。李白的

詩給予人們刺激的想像，像是一張特別的門票，光是誦讀那些奇特美麗的字句，就可以呼吸到自由的氣息。所以人們喜歡李白，在他身上，人們找到長久以來的夢想。

這些年，輾轉聽說一位我很喜歡的作家封筆的消息，覺得有點兒傷感。我想，對於一個敏感纖細的文學靈魂而言，世間給予他的沉重負荷是遠遠多於快樂的，因此他常常會覺得孤獨、傷心，甚至心灰意冷。這時候，我回頭去看李白的詩，才忽然領悟到：在那些優美的詩篇背後，李白其實也是一個孤獨的靈魂。

李白熱愛人間，人間卻屢屢令他感到孤單。他是一個太特別的人，人們崇拜特別的人，卻不一定了解他；甚至有些同僚看不慣他的特別，還會輕視他、詆毀他。我想李白有時候是很失落的，他筆下自由奔放的詩句，像是為自己打氣，在字裡行間唱起精神抖擻的進行曲，以一貫的勇敢和瀟灑面對種種難堪。那是一種不顧一切、始終如一的美麗，一種值得我們深深敬佩、讚嘆的美麗。

新的世紀來臨，儘管李白已經離我們遠去，但是我依稀能在人間看到他的影子：那個彈著電吉他引吭高歌的搖滾樂手、那個遠赴異鄉幫助非洲兒童的年輕醫生、那個主持文學網站創作不輟的學生詩人……也許他們的光芒不及千百年前那顆光耀古今的太白金星，

但是，他們身上一點一點的小小星光，卻讓漫漫長夜不再黑暗。

我一直相信：雖然我們不會是李白，但是我們仍然可以擁有他的某部分特質——儘管不會武功，依然可以有俠情；儘管不會寫詩，依然可以有詩意。

寫書的人

楊子儀

1980 年生於臺北。富正義感和同情心，路見不平必定拔刀相助，因而有過兩次把流浪小貓撿回家的紀錄。身手矯健，即使穿著裙子和高跟鞋依然能俐落的爬上陡峭的山坡。喜歡韋伯的音樂劇和動物星球頻道，愛好攝影、畫畫、閱讀。最崇拜的作家是關懷苦難人民的法國文學家雨果，夢想能拜訪大作家的家鄉巴黎。

欲上青天攬明月

李白

目次

世紀人物
100

李　白

701～762

1

英才出少年

劍氣俠情

這絕對是成都城一百年來最熱的一天。

仕紳們揮汗如雨，大口喝著冰冽的酒；小販擺開攤子喜孜孜賣些糖水瓜果。大家都熱壞了，仕女們珠汗點點，手中的小蒲扇搧呀搧，揚起一陣淡淡的脂粉香。

段小青抱著琴盒在路上走，琴盒立起來幾乎和她的個子一樣高，而且對一個十三歲的女孩而言，那不是她能負擔的重量。小青覺得熱死了，她一面走一面拉領子，一絡頭髮和著汗水溼黏黏的貼在她漂亮的額頭上，她喘一口氣，決定穿過林子抄小路到城南去。

　　剛剛，秋水樓最美麗的如意姐姐細聲細氣的說：「哪個人替我把琴拿到城南王樂師那邊去修一修啊？」路好遠，天氣好熱，大家都不想去，於是陳嬤嬤說：「小青最小，小青去。」小青越想越生氣，忍不住大吼一聲：「哼，討厭死了！你們——」話還沒說完，唰啦啦的，一大捧葉子應聲而落。「哎呀！髒死了！」小青尖叫著，她生氣的把頭上的葉子和小樹枝拍掉，抬頭看到底是怎麼回事。

　　樹上有一隻很大的白鳥。

　　「怎麼會有這麼大的鳥呢？」小青覺得自己大概是熱昏頭，眼花了。冷不防一道黑色的箭影颼的飛來，小青還來不及反應，白鳥已經敏捷的向旁邊一閃，唰的朝地面撲下來：「小心！」小青猛的被推向一邊。唰唰唰，旁邊竄出好幾個橫眉豎目的漢子，手中寶

劍舞成一團團森冷的光，圍攻中間一個青年公子。青年身上白色的衣袂輕輕飄揚，手中也是一柄寶劍，意態自如的同時應付三四個人。

　　小青看清楚了，剛剛她以為是隻大白鳥的，原來是一個白衣青年。青年大概二十歲左右，身材挺拔，小青覺得那些漢子已經很高了，可是青年比他們還要高。

　　青年的劍術非常好，太好了，遊走在慌亂的敵手間簡直如入無人之境，在三四人圍攻之下依然是一派從容，難得的是他動作極快，他靈巧的擋下一個大鬍子凌空砍來的劍勢，反手一推，大鬍子跟蹌後退；一回頭又架住一個瘦子的劍，右腿掃向另一個人的下盤，長劍一送，只聽瘦子悶哼一聲，顯然已經受傷；一個胡人裝束的人急急逼上前想擊退

白衣青年，卻被青年回身一連串複雜多變的劍法壓得不斷往後退……

「走！」大鬍子一看情形不對，吆喝一聲，一行人轉頭就跑了，瘦子還忿忿不平的吐了一口唾沫，朝青年比了一個下流的手勢，「老四！」大鬍子氣急敗壞的敲了瘦子腦袋一記：「要不要臉哪？」回頭惡狠狠的瞪了白衣青年一眼，幾個人竄入路旁的樹林中，一下子就不見了。

青年蹲下身，用地上散落的枝葉將寶劍上的汙血擦乾淨，劍光反射到青年臉上，小青看清楚他的臉龐。那是一張清俊異常的臉，明亮的雙眼逼出一股英氣，高而寬的額頭，挺直的鼻梁，嘴角帶著若有似無的笑意。小青覺得青年與秋水樓來來往往的王孫公子很不一樣：青年昂揚的姿態展現了胡人豪氣干雲的風采；而

他優雅的氣質卻又流露出漢家文士的溫文儒雅，甚至遠在那些王孫公子之上。除此之外，還有一些小青說不出也不會說的獨特氣概。

青年站起身，抖抖衣襬上的枝葉，收劍入鞘。小青氣鼓鼓的說：「你好沒禮貌！把葉子灑了我一頭。」青年回頭看著小青一笑：「妳叫什麼名字？」

「那你叫什麼名字？」

「李白。」

「白色的『白』？」

青年笑笑解釋：「我名字的『白』不是指白色，而是指天上的太白金星。」

「你是俠客嗎？」小青很尊敬俠客，應該說，唐代社會對俠客都十分敬重，豪俠擁有頗高的聲望與地位。

「我喜歡打抱不平，也喜歡結交江湖豪傑，」李白笑著說：「不

過也因為這樣結下一些仇家。剛剛那票人，之前欺負窮人家母子，被我狠狠修理一頓，這樣的仇家還蠻多的呢。妳聽過魯仲連的故事嗎？」

小青興奮的點頭：「知道，我聽人說，他是歷史上有名的大俠客呢！」

李白掏出一把畫了人物的扇子，展開給小青看：「這是他的畫像，我像妳一樣大的時候就十分崇拜他，立志成為濟弱扶傾的俠客。」*

小青看了好一會兒，猛然想起自己還有任務在身呢！她向李白擺擺手：「我叫段小青，是個小歌女，多謝大俠救我喔！」說著便抱著琴盒，匆匆忙忙向前跑去。

仙風道骨

離開成都城，李白決心找個地方隱居讀書，遠離江湖上的恩

恩恩怨怨。

年輕的李白，並不單單滿足於當一個出類拔萃的劍客，他真正想成為的，是一個能安定國家社稷的良臣。

唐朝的科舉取士分為進士、明經二科，其中又以測驗詩賦文章的進士科較受人敬重。李白一向對自己的才華很有信心，從小他就比一般的孩子聰明穎悟，五歲就能理解困難的六甲＊，十歲便讀遍詩書，那些讀書作文章的事，別人都覺得辛苦，可是他只

放大鏡
＊李白性格豪邁，富正義感，崇拜魯仲連等歷史上的俠士。李白自己也是個不折不扣的俠客，喜歡行俠仗義，年少時還曾經為了主持正義而殺過人。二十歲左右，他積極結交豪傑之士，唐代社會對這類濟弱扶傾的遊俠人物頗為敬重，李白與豪俠的交往一方面是他的任俠性格所趨，一方面也為自己樹立聲譽。
＊六甲　屬於道教術數一類的書籍。李白在道教氣息濃厚的四川長大，四川是道教的發源地，五斗米道的創始人張陵當年就在四川鶴鳴山隱居，自古以來瀰漫著濃厚的神仙氣氛，峨嵋山、戴天山、紫雲山等道教洞天福地遍布四川。在這樣的環境中成長，奠定了李白日後神仙道教信仰的基礎。

要看一下眼前的書，就可以很輕鬆的把它記起來；別人寫文章總是苦苦思索，但是他就是可以很快又很流暢的寫出連塾師都覺得了不起的詩文。長大之後，他的詩文更加不凡，年紀輕輕便獲得眾人的注目，因此李白一度想藉著自己的文采吸引朝廷官員的注意，獲得受重用的機會。

　　到成都之前，他聽說蘇頲大人上任益州刺史，便特地等在途中，選了幾篇得意之作，向蘇頲毛遂自薦，想藉此晉身官職、一展雄圖。沒想到蘇頲並沒有如預期的對他大加讚賞，只是委婉的說：「公子少年俊才，文章的確不同凡響，雖然說功力仍未到爐火純青，可是已經可以看出是棟梁之材。若能努力不懈的廣泛學習，假以時日，將會成為和司馬相如一樣震古耀今的雄才！」

　　此刻李白想著蘇頲的批評，

忽然覺得剛剛打贏的那場架變得沒有意義了。他心想:「蘇大人說假以時日的意思，就是我現在還是個火候未到的半調子……就算我可以以寡擊眾，打敗那些流氓，但是我的文章被說成火候未到，又有什麼意義呢？一個讀書人不能成就事業，不能造福萬民，又有什麼面目面對祖先呢?」李白越想越沉重，拔開酒壺的蓋子猛灌了好幾口酒，月光灑在他清癯的臉上，李白閉上眼睛。

黑夜像貓一般躡手躡腳溜走，當第一道曙光射入他的眼瞼時，李白被一陣瀰天蓋地的鳥鳴聲吵醒，鳥鳴聲由遠而近，像是一道海浪由遙遠的那頭湧來，畫眉、杜鵑、鷓鴣、黃鶯……以及許許多多少見的珍奇禽鳥的鳴聲，衝擊他的鼓膜。鳥鳴聲中隱隱傳來馬蹄聲以及人的呼嘯，聲音越來越近。

「難道又被那群人盯上了嗎？」李白反手握住劍柄。

騎馬者出現了，李白遠遠就看見他飄飄的青色衣襬，是一位仙風道骨的長者，長者撮口呼嘯，群鳥應和著一路跟隨他向前飛，李白驚奇極了。長者也看見他了，勒住馬韁，馬受驚嘶嘶大叫，把圍繞在周圍的鳥群嚇得四處飛散。

李白心想，這個老人能指揮禽鳥，應該是位身懷奇技的高人，於是稍稍整理衣冠，躬身一揖：「晚生李太白見過前輩，敢問前輩高姓大名？」

長者眼睛一亮：「李太白？你就是那個喜歡神仙道術，愛寫詩、愛喝酒、愛舞劍的詩人嗎？」

「晚輩不才。」李白謙虛的說。

長者捻鬚而笑：「呵呵，常聽人說李太白卓爾不群，又是練

劍，又是寫詩，又是學道，連我那些在峨嵋山修行的老友們一談起你也是眉開眼笑，個個都說你好。」

一提到峨嵋山，李白想起來了，前些年他為了求仙學道，在峨嵋山待過一段時間，和僧侶、道士們相處得十分愉快，他很快的把長者和那些山林舊友聯想起來：「原來前輩和他們是老朋友！」

長者眉毛一挑，正色說道：「我東巖子一生鑽研道術，只嘆當今世上喜愛煉丹修道者不知有多少，真正能體會其中奧妙者卻寥寥可數。依我看來，你不但有心學道，難得的是資質甚高，既然有緣相逢，不妨隨我而去，讓我點撥你一二。」

李白一聽大喜過望，眼前這位長者居然是他仰慕已久的東巖子，而且還主動表示要收他為徒！他馬上跪在地上向老人拜了

三拜：「多謝師父！」東巖子命李白起身，李白愉快的為東巖子牽起馬韁，慢慢往前走。

「師父，聽人說您四海為家，多少人仰慕您的智慧與神算，不過不是無緣一見，就是不得其門而入。」

「我認為任何事情如果有意強求，就失去自然道妙了！」東巖子皺皺眉，神色威嚴的說：「最好的事情往往是無意間促成。比方說你我二人，要不是我剛好遇見你，就算人家再稱讚你，我也不可能翻遍整個四川把你找出來；要不是我覺得孺子可教，你跪三天三夜我也不會理你。」

李白默默咀嚼東巖子所說的道理，東巖子則高聲呼嘯喚來眾多禽鳥，師徒二人慢慢往山林高處走去。

一路前行，只見壯麗蒼翠的山峰直入雲霄，陡峭的山壁與地

平線拉成九十度，步入深山，李白聞到雲的氣味、霧的氣味，冰涼綿密的空氣吸附在他的口鼻、他的喉嚨、他的肺腑。

「岷山。」東巖子手指前方的高山，對李白說著。李白看清楚了，和峨嵋緊緊相偎的秀麗山巒，正是充滿種種神奇傳說的道教發源地，他感動得嘆了口氣。

岷山的隱居歲月真是愉快，李白與師兄吳指南一同跟隨東巖子學道，李白從小愛看道教的書籍，在東巖子的指導下，他真正領會了其中真意。自然道妙帶給他的心靈極大的安寧，他的劍術更精進了，詩也寫得更好。李白尤其喜歡清晨時群鳥唧啾飛舞在他四周的感覺，他想起第一次見到東巖子時，群鳥齊飛的盛況，當時他很好奇東巖子是怎麼辦到的，後來才弄清楚那些禽鳥把東巖子當成朋友，因為東巖子老愛

餵牠們東西吃。後來他也學著和牠們作朋友，為受傷的鳥包紮，把失去親人的雛鳥餵大。鳥兒漸漸和他親密起來，不管他讀書、練劍、彈琴、砍柴、吃飯……總黏著他不走。

不久之後，有人告訴太守，東巖子與李白能說鳥語，還會驅使禽鳥。「真是這樣就太有趣了……」太守覺得他們必定是得道高人，親自登門造訪。

「閒雜人等，敗我清興！」東巖子很不高興，決定再出一趟遠門，最好遠到所有的官員都找不到，他隨便收拾些細軟，再度雲遊四方去了。

「我們也離開吧。」吳指南提議，李白拍手贊成。帶著寶劍、書、文房四寶與這段日子寫就的詩稿，李白催了船，與吳指南相偕離開四川。

大鵬振翼

　　李白與吳指南一路遊山玩水，飽覽山光水色，兩人談天說地，十分開心。「北冥有魚，其名為鯤。鯤之大，不知其幾千里也。化而為鳥，其名為鵬。鵬之背，不知其幾千里也；怒而飛，其翼若垂天之雲。」李白一面擊打酒壺，一面輕輕吟誦著。

　　「什麼魚？什麼鳥？你在念什麼？」吳指南好奇的問。

　　「這是莊子書中的故事，他說北方大海中有一種很大的魚，叫做鯤，有一天，這隻魚變成一隻很大的鵬鳥，這隻鵬鳥雙翅張開，有幾千里那麼長，牠發怒飛起的時候，翅膀就像天上的雲朵。」李白解釋。

　　「這隻鵬鳥很了不起嗎？」吳指南很疑惑。李白閉起眼睛說：「是的，牠非常巨大，比任何禽

鳥都巨大；牠飛的時候，整個天空都是牠獨占的王國。牠是一隻非常自由、非常獨特的鳥。」

李白正說著，忽然聽到別的旅客興沖沖的談論著：「剛剛在渡頭聽到人家說，道教大師司馬承禎*路過這裡，在城外的道觀留宿呢。」李白一聽高興極了，對吳指南說：「司馬先生名滿天下，連當今皇上都曾詔他入宮呢！我們既然求仙學道，怎麼能不試著求見他呢？」兩人連忙備辦一些簡單隆重的禮品，登門求見。

司馬承禎七十多歲了，白髮皤皤，鬚髯飄飄，一雙眼睛卻明亮有神，散發著智慧的光芒。他

放大鏡

*司馬承禎　字子微，是唐代著名道士。他出生官宦世家，但是對做官毫無興趣，反倒深深喜愛道教。他二十一歲出家當道士，向潘師正學習符籙與煉丹。他遍遊天下名山，最後隱居在天臺山玉霄峰，自號白雲子。連皇帝都仰慕他的仙風道骨，武則天、睿宗、玄宗都曾經召他入京。遇見李白時，他已經七十多歲了。

　　命道童給李白和吳指南端上茶水，慢慢詢問兩人的經歷以及來意。他聽完李白對老莊精義的見解，暗自驚喜，故意考他：「你說說看『無為』的意思。」李白恭敬的說：「道家講究無為，不過就是要人順天地自然行事，不以後天人為違逆自然運行。人硬要去『為』，去干預某件事情，難免會有所偏執；若是無『為』，順應自然之情，反而面面俱到。譬如為官者，應該順應民情，讓人民順四季春耕秋收，不要以稅賦傜役壓榨百姓，國家自然安樂。」

　　司馬承禎聽得連連點頭，李白又把自己的詩作拿給司馬承禎看，司馬承禎邊讀邊讚美：「文如其人，好一位仙風道骨的奇士！我真願與你共同翱翔在宇宙八荒盡頭。」李白聽了十分高興，便問：「依大師之見，晚生日後應如何修行才是？」

　　司馬承禎沉吟片刻，說:「雖然你有意隱居修行，資質又好，但是我讀你的詩文，隱隱感受到一股積極進取的氣勢，想來你仍對人間事不能忘情。與其年紀輕輕就歸隱山林，不如先闖蕩出一片成就，文治也好，武功也罷，功成之後，再來天臺山隨我學道也不遲。」李白一聽，如醍醐灌頂，欣然下拜。隨後吳指南也向司馬承禎請教了許多問題，直到天色已晚，李白與吳指南才依依不捨的離去。

　　李白滿腦子都在回想與司馬承禎充滿智慧的對談，他思考著該如何把這次見面的感動記下來。如果說，他自己就像莊子故事中提到的大鵬鳥，那麼司馬承禎當然也是神奇而巨大的神鳥了！他忽然想到稀有鳥的故事，神話中，這種鳥一張開翅膀就覆蓋整個世界。他心念一動，手中

毛筆寫得飛快：

南華老仙發天機于漆園，吐崢
嶸之高論，開浩蕩之奇言，徵
志怪於齊諧，談北溟之有魚，
吾不知其幾千里，其名曰鯤。
化成大鵬，質凝胚渾。……俄
而稀有鳥見之曰：「偉哉鵬乎，
此之樂也。吾右翼掩乎西極，
左翼蔽乎東荒，跨躡地絡，周
旋天綱。以恍惚為巢，以虛無
為場。我呼爾遊，爾同我翔。」
於是大鵬許之，欣然相隨。此
二禽已登于寥廓，而斥鷃之輩
空見笑于藩籬。

李白這篇作品是用「賦」的
形式寫成的。一開始，他借用莊
子的神話，講大鵬的巨大；接
著，他用許多壯麗的描述讚揚大
鵬飛行的氣勢，並用其他庸庸碌
碌的神鳥襯托出大鵬是何等自

由、何等不凡；最後他寫了稀有鳥邀大鵬一起飛翔，兩隻鳥以恍惚虛無的道家境界為生活的空間，逍遙的在天地間翱翔。

「師弟，這不是你講過的莊子故事嗎？只是變長了，多了很多形容大鵬的句子。」吳指南聽李白朗誦文章，忍不住問。

李白灌下一大口酒，覺得胸口飽漲著滿滿的志氣與情感：「是的，我多麼想像大鵬一樣，飛上九萬里的高空！大鵬是我，司馬承禎前輩則是稀有鳥，我倆一見如故，這是多麼令人興奮的事啊！」吳指南本來就因為見過司馬承禎而興奮得難以入眠，聽到李白的文章後，馬上披衣而起，與李白繼續討論道術。

次日他們繼續東行，李白一路搜集許多民間歌曲，融入自己的創作之中。他們乘船順著長江而下，長江流域有許多湖泊，洞

庭湖是其中非常有名的一個，不僅景色優美，還充滿許多傳說，是李白嚮往已久的地方。例如洞庭湖附近有湘妃墓，民間流傳湘妃為了舜的死亡，眼睛都哭出血來，灑在竹子上，變成有著美麗斑點的湘妃竹。洞庭湖附近還有屈原祠，當地居民有感於愛國詩人屈原被國君放逐，投江自盡的歷史故事，終年香火不絕。

　　船到洞庭湖，他們深深為眼前煙波渺渺、水色如璧的秀麗景象所震懾。夜裡，皎潔的月光倒映在湖面上，閃爍銀白色的光芒。吳指南陪李白喝酒，兩個人興高采烈的討論白天的所見所聞，又辯論起書上讀到的道教真理，越說越興奮，吳指南還手舞足蹈起來。月亮的影子投在湖面上，就好像天上地上同時有兩個月亮在發光。「水裡也有月亮呢！」李白指著湖面開心的說。那

一夜，他們都玩得愉快極了，一直飲酒下棋直到深夜。

可是第二天吳指南就病了，大概是前一晚徹夜談話著了涼，又喝多了酒，隔天早上就頭重腳輕的發起高燒。

吳指南此次病得不輕，雖然李白非常細心的照顧他，為他請了醫生，又細心餵他湯藥，但是他的病情卻一日比一日加重，李白握住他枯瘦的手，難過得說不出話來。

湖水還是一樣平靜，但是李白再也沒有心情去欣賞湖上的月光，只覺得夜裡的湖水好深好黑，他的心也跟著往下沉、往下沉，沉入無窮無盡的黑暗。最後，吳指南還是敵不過病魔而撒手人寰，李白十分悲傷，趴在吳指南身上痛哭流涕，如同失去親人一般，直到眼淚流乾了又流出血來。路過的人聽到哭聲，也覺

得難過，船家也不禁嘆息：「公子對朋友如此有情有義，他倘若有知，死亦無憾啊！」

料理完吳指南的後事之後，李白乘船離開這個傷心地。他對著茫茫江水喃喃起誓：「師兄！你暫且安息吧！他日我必定回來，帶你到另一個更美的清幽寶地，為你重新安葬。」

船夫聽到了覺得奇怪，便問：「為什麼你不一次就把他安葬好呢？」

李白嘆口氣說：「我們這一路上，見到落拓不得志的俠客書生，總忍不住要伸手幫助他們；要是遇見像司馬承禎前輩那樣的知交，更是不惜千金。一回兩回的，盤纏所剩無幾。今天草草葬了師兄，我心中實在過意不去。」船夫聽了也明白了，看李白心情低落，便一路慫恿他說話，想逗他開心。

　　這天，忽然聽到岸上隱隱約約傳來琴瑟簫管的樂聲，旋律優美動聽，還有細細的歌聲，隱隱約約只聽到「鳳兮凰兮……」幾句。李白很好奇：「他們在唱些什麼？」船夫側耳傾聽：「不太清楚，好像在唱有關鳳凰的歌。」

　　李白心念一轉，頓時精神一振：「啊！對了，我們已經到了金陵。金陵有座鳳凰臺，我們聽到的大概是哪個樂工讚頌鳳凰臺的歌。」

　　船夫問：「我老聽人說鳳凰臺，古代真的有鳳凰來過嗎？」

　　李白想了想，說：「我也是看書上說的。劉宋年間，有三隻五顏六色、叫聲悅耳，狀如孔雀的大鳥，飛到這一帶，這三隻美麗的大鳥招來了一大群各種鳥類，跟隨這三隻大鳥比翼而飛，當時人們都認為，這三隻鳥就是鳳凰。鳳凰臺就是那時候建的。」

「我聽人說故事，說從前秦穆公的女兒弄玉善吹簫，竟引來了翩翩公子蕭史乘著鳳凰而至，兩人結為夫妻。我老在想鳳凰臺到底是不是得個虛名而已，原來咱們鳳凰臺真的曾經有鳳凰！」船夫笑著說。

鳳凰臺是金陵名勝，李白嚮往已久。他在渡頭催了車馬，興致勃勃的奔赴鳳凰臺。這天天氣晴朗，明媚的陽光晒得人渾身暖洋洋的，一樹一樹的桃花開成一片花海。登上鳳凰臺，只見遠方碧綠的江水彎彎曲曲，像是條青色的衣帶；滿山青翠的綠草之間，隱隱掩蓋著古代大戶人家鋪設的石徑。於是李白詩興發了，他朗聲吟誦：

鳳凰臺上鳳凰遊，
鳳去臺空江自流。
吳宮花草埋幽徑，

晉代衣冠成古丘。
三山半落青天外，
二水中分白鷺洲。
總為浮雲能蔽日，
長安不見使人愁。

「天上的太陽，就像一國的君王。」李白感嘆著，「為什麼國君總是被小人蒙蔽，就像太陽被雲遮住一樣呢?」眼前灰濛濛的雲霧，遮蔽了他的視線，他看不到首都長安。長安啊長安!長安是李白的夢想，他是多麼希望可以得到國君賞識，在長安一展抱負!

李白正思考著，旁邊傳來一個女子低低的聲音:「這首詩，倒是和崔顥的〈黃鶴樓〉有幾分類似。」李白暗暗驚奇，正想看清楚說話的是誰，那女子已經由婢女簇擁著上了轎子走了。旁人看李白驚訝的神色，告訴他說:「那是

許相國的孫女，聽說他們在安州一帶是世家大族，這位千金則是安州有名的才女。」

鳳凰臺下的歌女與樂師繼續演奏著曼妙的樂曲，唱著流行的詩篇。不久之後，李白的〈登金陵鳳凰臺〉也將成為他們日日吟誦的名篇。

鸞鳳和鳴

在鳳凰臺的一段偶遇，為李白與許小姐牽起紅線。

起初李白並不是為了許小姐到許家，而是受朋友引薦，想靠著相國之子許圉師的人脈，為他的政治生涯助一臂之力。雖然許相國已經去世，許家權勢不如以往，但仍然有相當程度的影響力。

這時的李白年約二十七、八歲，戴著高冠，雙目炯炯有神，渾身散發出一股英氣。許圉師一

見李白，就被他的詩人神采與豪俠氣概所吸引，他熱情的接待李白到大廳說話，一邊暗暗觀察他。

李白侃侃而談自己經世濟民的政治理想，以及榮顯父母的心願，許圉師問了他許多問題，又細讀幾篇李白的文章，對李白非常欣賞，心想到許家登門造訪的貴冑公子之中，竟沒有一個比得上李白有才華的。他忍不住對李白提起想招他為婿的事情。

李白楞了一楞，正不知該怎麼回答，許圉師已命人在最好的房間擺下酒席，一面極力邀李白留下來吃飯，一面催丫鬟去請許小姐來見客人。李白難辭盛情，於是一面和許圉師談國家大事，一面飲酒，靜待許小姐出來。

一陣香氣襲來，李白一抬頭，只見一個纖細優雅的女子慢慢走來，她的容貌像白芙蓉一樣

清麗絕俗，李白忽然覺得室內像開了朵鮮花一樣。許圉師對女兒說：「那天妳到鳳凰臺玩，聽到人家念的那首詩，正是李公子的作品。」許小姐眼睛一亮，綻放出小鹿般天真無邪的光芒：「原來那也是公子的作品。我以前讀您的詩，就覺得優美動人，這一首又更特別了，很像崔顥的──」

「〈黃鶴樓〉。昔人已乘黃鶴去，此地空餘黃鶴樓⋯⋯」李白輕輕背誦，微笑著說：「優美動人不敢當，我很喜歡崔顥的詩，所以模仿他作了一首，不過比不上。兩位見笑了。」

許圉師聽了笑著說：「李公子太謙虛了。」

許小姐則認真的說：「您寫『長安不見使人愁』，擔心國君被蒙蔽，憂國憂民，比崔顥的詩境界更深，怎麼說比不上呢？」

李白一聽大為感動，許小姐

不但知書達禮，更是自己的紅顏知己。三人談論詩文，愉快得都忘了享用桌上佳餚。許圉師後來得知原來李白與自己的女兒曾在鳳凰臺擦肩而過，十分驚喜，說：「這是天賜良緣啊！從前蕭史與弄玉結為神仙眷屬，如今上天要你們做一對人間的結髮夫妻呢！」

　　不久之後，一場盛大的婚禮在許家熱熱鬧鬧的舉行。大紅布幔由挑高的屋梁一直垂到地板，梁旁還綴結紅布紮成的花朵。遠遠的嗩吶吹響了，還有熱熱鬧鬧的鑼鼓聲，活潑的笛子樂音輕快的在梁柱間盤旋。一身紅色織錦華服的新娘子由侍女小心的攙扶著走進正廳，李白也是一身紅色華袍，神采飛揚的接受滿堂賓客的祝福。

　　新婚的日子特別甜蜜，連太陽與月亮的腳步都慢了下來。白

天，李白與朋友喝酒作詩，新夫人則親自下廚燒菜招待客人。新夫人手好巧啊！她把整隻雞巧妙的抽去骨頭，佐以香料與蘑菇上籠蒸煮，做成香氣撲鼻的佳餚款待李白的朋友。她又將切得薄薄的牛羊肉放入小爐子裡烤，用大鐵鍋炒出清新爽口的當季蔬菜。新夫人還把清冽的山泉煮沸，用來沖泡茶葉與晒乾的桂花。新夫人忙累了，就在雕花窗戶前翻看一本薄薄的書，有的時候是詩，有的時候是道教書籍，書裡還夾著一些漂亮的剪紙，有雙飛蝴蝶、並蒂蓮花、鯉躍龍門等等，那是要給李白繡枕頭、繡荷包的紙樣。

夜晚，李白讀書寫字，新夫人替他把墨磨濃、把紙鋪平；李白詩寫好了，新夫人一張一張接去看，偶爾出一點意見:「這一句『不信妾腸斷，歸來看取明鏡

前」，我記得武后也有一句類似的，『不信比來常下淚，開箱驗取石榴裙』，似乎更婉轉呢。」新夫人說的是〈長相思〉，這是李白以第一人稱創作的一首閨怨作品。

　　有時候李白喝得爛醉被朋友抬回家來，新夫人也不生氣，反而細心的為李白熬煮醒酒湯，這讓李白感念在心，有一次不好意思的說：「嫁給我像嫁給那個糊塗酒鬼何太常一樣。」

　　新夫人為李白生下兩個孩子，男孩取名叫伯禽，女孩取名叫伯陽。伯禽聰明極了，一雙靈活的眼睛又大又亮，像是八月十五中秋節晚上的月亮，李白為他取了個胡名「明月奴」。伯陽是個愛撒嬌的小女娃，小嘴巴甜得像蜜，老逗得李白眉開眼笑。他親自教他們讀書識字，做竹馬、草編蚱蜢、木頭娃娃給他們玩。

除了和家人相處之外，李白也喜歡和朋友一塊兒喝酒吟詩，其中，孟浩然是李白十分欣賞的一位詩人。

孟浩然年少時也曾隱居山林，常和李白談論一些隱居山林的樂趣；他一心想求取功名，然而卻屢屢失敗，每次喝醉，總要拉著李白互吐苦水。

「我錯就錯在作了一句糟糕的詩：『不才明主棄』。」孟浩然醉醺醺的說：「唉！本來是想謙虛一點，說自己沒才華所以君王不用我，誰知道皇上居然生氣了！他說是我自己不去求官，他可沒有嫌棄我，說我為什麼要這樣詆毀他。」

李白搖頭嘆氣：「唉，我正好相反。我當年上書蘇頲，被批評才學不足。這些年我苦心充實自己，就是希望有一天能一展抱負。」

孟浩然拍拍李白的肩膀說：
「當年是您還年少，今天您無論學識文章都是人中龍鳳，有朝一日，一定能成為國家棟梁。」

「唉，雖然岳父也動用他的人際關係為我奔走，但仍然沒有我李太白出人頭地的機會，您是『迷花不事君』，清高風雅不沾仕途，我才真正是『不才明主棄』呢！」李白搖頭說。

孟浩然安慰他：「我相信只是時機未到而已。您不妨到終南山一帶走走，一方面那裡接近長安，可以拜會達官名士，另一方面可以讀書修行，為自己樹立名聲。」

李白聽了，心中波濤洶湧。在家的日子雖然快樂，但是他還有遠大的志向與目標必須實行。

開元十八年（730年），李白三十歲。他告別了妻兒，向終南山出發，妻子流淚送行。李白想起自

己的樂府詩〈長干行〉。這首詩是描述一對青梅竹馬的小愛侶從幼年相戀到成婚的情景，當丈夫不得不遠行時，妻子既擔心丈夫在外的安危，又傷心丈夫不在身旁。看著蝴蝶成雙成對，她好羨慕！盼望著丈夫趕快歸來，她會不怕路途遙遠的去迎接，一直走到七八百里遠的長風沙。李白心想，他畢竟也像詩中「十六君遠行，瞿塘灩澦堆」那樣，離家求取功名事業了。將來，嬌妻也會像詩句中說的「感此傷妾心，坐愁紅顏老」，因為思念遠行的丈夫而悲傷憔悴嗎？她會像詩句中「相迎不道遠，直至長風沙」那樣，殷切的去迎接風塵僕僕的丈夫嗎？

終南捷徑

終南山就在大唐首都長安城西南方，林木蓊鬱，環境清幽，

和繁華熱鬧的長安城形成強烈對比。長安城裡人們是忙碌的、喧鬧的，縱情於聲色犬馬，汲汲營營於金錢與權勢；終南山上的人們則是悠閒的、安靜的，潛心於讀書作文、修道煉丹。說起來很矛盾，許多達官貴族一方面享受著長安城的奢侈富裕，一方面卻又美慕、崇拜終南山上的隱士高人，千方百計想求他們下山做官。

在終南山，李白四處交游，認識了許多隱居終南山的文人雅士。李白最常和幾個同樣喜好修道的隱士一同喝酒、吟詩。

「太白，你是東巖子的弟子，還見過司馬承禎，給我們講講這兩位大師的事吧！」一個道士興致勃勃的提議。

「欸，前幾天大家才辯論過修道到底應該煉丹藥還是練精氣神，今天我想聽太白談談詩。」說

話的是一個舉止優雅的青衣人。

「我說太白一定覺得詩要自然清新，像兄臺那樣苦心雕琢是不行的，哈哈哈！」一個滿頭亂髮的書生大笑。

這群人不自覺的以李白為首，圍繞著他說話，以得到他的認同為榮。這就是李白的魅力，讓周遭的朋友沒有辦法不愛他。

李白呵呵笑著：「從前王右軍說：『人各有體』，說書法每個人有每個人不同的風格，詩也是如此。我愛自然清新，不代表苦心雕琢不好啊！大概是個性吧！我喜愛古詩勝過絕句，並不是說絕句不好，只是我更適合寫古詩的形式。詩句是越自然越好，最好能活潑靈動，自由不羈！」亂髮書生點點頭，故意斜睨發問的青衣人，青衣人又好氣又好笑的捶他一把：「小老弟，一天不借太白的口損我幾句，你就一天不舒服！」

道士笑勸：「哈哈！別吵了，你們今天不是才趕走幾個勸你們下山做官的人嗎？快說給太白聽。」

書生聽了很開心，拉著李白說：「太白，我聽說啊，那個盧藏用跑去做官啦！」

盧藏用？李白抓抓腦袋努力回想，好像聽過盧藏用這個人，他似乎在終南山隱居過。

青衣人也搶著說：「這個人真是心口不一，明明想做官，卻裝模作樣來我們終南山隱居。聽說他有一次跟你的忘年之交司馬承禎相遇，結果司馬承禎對他說：『你說終南山有多好，依我看，不就是做官的捷徑嘛！』結果他一張臉漲得通紅！」

「難怪有人說，我們這兒叫『終南捷徑』 ── 由平民而飛黃騰達的捷徑！」書生搖搖頭說。

李白覺得有些尷尬，雖然說他跟那些沽名釣譽的人不太一

樣：他是真心喜歡自由自在的隱逸生活，不像那些人根本不喜歡隱居，只是把隱居當手段而已。但是，他還是希望可以做官啊！前幾個月，因為知道玉真公主喜歡神仙道術，＊為了博得玉真公主賞識，李白還特別以奇幻浪漫的筆法寫下〈玉真公主詞〉，連同一封請公主幫忙引薦的書信，託人送到公主修道的道觀。李白沒有忘記自己的政治理想，隱居只是過渡時期而已。

放大鏡

＊玉真公主是唐玄宗的妹妹。唐朝是一個道教盛行的時代，全國道觀林立，當時的著名道士如王遠知、司馬承禎等都受到皇帝禮遇。玄宗自己也迷信道教，在宮中設壇煉丹；玄宗的兩個妹妹（玉真公主、西寧公主），以及權貴李林甫的女兒李騰空，也都以貴族的身分出家為道士。唐朝皇族尊重道教其來有自，唐朝皇帝姓李，在他們撰寫祖譜時，為自己找了一位富傳奇色彩的偉大遠祖——老子（李耳），以強調自己高貴不凡的血統（這是許多人在撰寫祖譜時會做的事情）。老子生前與道教無關，他是先秦時代著名的思想家，後來他的學說越來越受到人們的推崇，形成了道家學派。漢代張陵創「五斗米道」，奉老子為教祖，尊稱老子為「太上老君」，這就是道教的開始，老子也由「人」變成了「神」。

「不過太白可不一樣，太白是真正的隱士、真正的人才！」書生似乎看穿他的心思，體貼的說。

青衣人也舉起杯子:「我們都祝福你早日達成理想，幫助天下百姓。敬太白！」

「敬太白！」其他人也舉杯。

過了不久，玉真公主的回信到了。她親自寫了一封信，派了雅致的車馬轎子，邀請李白到她的樓觀別館玩。李白在一群好友的祝福聲中，滿懷著希望前往別館。

玉真公主一見到李白，就和他談起神仙道術以及詩文，笑著說:「您在詩中把我比成神仙，還用了那麼多仙禽神獸來陪襯，我真是愧不敢當。」李白一笑:「公主生在帝王之家，仍然有仙根慧骨，知道修道的好處，十分難得呢。」公主一聽十分高興:「您在信

中說過，有許多抱負未施展，不知道我能幫什麼忙呢？」李白躬身一揖：「還請公主在皇上面前稍稍提及李白的名字與為人。」

　　兩人正說著，駙馬張垍走了進來，笑著說：「公主很喜歡你為她作的詩呢！今日一見，果然氣宇不凡！」駙馬張垍是宰相張說的次子，愛好詩文，個性倔傲。李白笑著擺擺手：「您過獎了。」張垍遞給李白一疊詩稿，得意洋洋的說：「依你看，我的詩和你比起來如何呢？」

　　李白接過詩稿，不禁微皺眉頭。這些詩每一首都寫得很不好，內容矯揉造作，絲毫不真摯感人；音韻生硬拗口，念起來沒有一點音樂性。修辭則奢華雕琢，故意用了許多華美的修飾與深奧的典故，炫耀學識與才華，卻因為內容空洞，反而更突顯出詩本身的單調貧乏。

　　駙馬驕傲的說：「當朝比得上我的，我一雙手十根手指就數完了，今日你我有緣，不妨相互琢磨！我可以給你一點建議……」

　　李白心想，駙馬並不是真心想和人討論文學，只是要人誇讚他、拍他馬屁罷了。李白不願意說謊，更不願意逢迎這種人，於是他淡淡的說：「當朝比得上您的，大概都評過您的詩了吧！您的詩高深，我資質愚魯，說不出什麼精采評語，算算字數，一雙手十根手指就數完了，不如不說吧。」

　　駙馬一聽，就知道李白在諷刺他了，臉色頓時十分難看，玉真公主忙打圓場：「駙馬，貴客舟車勞頓，自然累了，怎麼有力氣和你討論詩文呢？不如這樣吧，明天我請人準備酒菜，你們再慢慢聊。」駙馬冷冷的點點頭，公主忙命人帶李白去休息。

　　沒想到隔天駙馬就說朝中有急事匆匆忙忙走了，臨走前，玉真公主再三叮嚀他：「駙馬，記得要跟皇上提李白的事啊！」駙馬答應了。

　　駙馬走後，一連幾天的暴雨，山洪沖毀道路，堵塞了交通。李白在別館苦苦等候，鎮日翹首盼望張垍的來信，等待的日子似乎特別漫長，就連雨後蔥蘢的草木也無法打動他的心。

　　公主先是安慰他：「道路不通，信到得慢些，別心急，過幾天就到了。」到後來公主也不耐煩了：「怎麼回事？駙馬到底有沒有照我說的去稟告皇上啊？」她索性親自去宮中問個清楚。

　　幾天後，公主回來了，一回來就大發脾氣：「好個駙馬！居然欺騙本公主！」

　　李白隱隱感到事情不妙，公主一看到李白，滿臉無奈，欲言

又止，最後輕輕的說：「也不知你哪裡得罪了我那駙馬，他在宰相和皇上面前說你的壞話。這次我去見皇上，再怎麼說我也是他的親妹妹，他卻根本不想聽我說，隨便就把我打發走了。這是形勢比人強，不是我不幫你啊！」

李白聽完，整顆心都冷了下來。

三十二歲這一年，李白離開長安，回到可愛的家。看到李白回來，夫人好高興，精心烹調了許多可口的菜餚為李白接風洗塵，小孩子也長大啦！搖搖擺擺的跟在奶媽後面，害羞的瞅著李白直笑。

「叫爹呀。」夫人催促著，可是小娃娃好害羞啊，頭低低的不敢叫人，李白憐惜的摸摸他們柔軟的頭髮。

李白修習昔日功夫，另一方面他與道士元丹丘、元演整日談

論道術談得不亦樂乎，他們三人常常談論道術直到深夜，還一起研究煉丹的祕法。＊

煉丹好辛苦，首先必須搜集珍貴的礦物，然後在丹爐中細細冶煉，這期間煉丹者都得在旁邊照顧丹藥，比照顧小嬰兒還麻煩。他還與元丹丘到隨州拜訪道士胡紫陽。胡紫陽是道教的大師，九歲出家，二十歲修煉內丹有成，李白想向他討教的，就是煉丹這門學問。對李白來說，這是一次意義重大的聚會：他不僅能與元丹丘、元演等志同道合的道友相互切磋，而且還從胡紫陽

＊道教煉丹分成外丹術、內丹術。外丹術是用爐鼎來燒煉礦物，企圖煉出仙丹。煉丹者認為，宇宙生成有特定程序，只要能夠在丹爐中濃縮的倒轉這個過程，令這些藥物逆轉程序、返回它們初生成時的狀態，便有長生不死功效。由於煉丹的礦物多具有毒性，常使服用者中毒身亡，唐以後慢慢被內丹術取代。內丹術是把人體內的精、氣、神當作原料，把人的肉體當作煉丹的爐鼎，把意念當作煉丹的爐火，藉由修煉逆轉生命活動，使靈魂真我不死。李白他們煉的是外丹術。

那兒學到很多道教真理。

「能親見胡紫陽，是人生一大盛事啊！」元丹丘感嘆著：「世人總感嘆人生短暫，很少有人明白煉丹修道正是養生長壽之法，就算知道也沉浸在爭名逐利之中，這樣又有何趣味？」

「呵呵，我說人生之趣除了修道煉丹之外，還有一樣東西可喜，那就是──酒！」李白說著，一面將酒瓶遞給元丹丘，一面高聲念著他著名的〈將進酒〉：

君不見黃河之水天上來，
奔流到海不復回；
君不見高堂明鏡悲白髮，
朝如青絲暮成雪。
人生得意須盡歡，
莫使金樽空對月。
天生我材必有用，
千金散盡還復來。
烹羊宰牛且為樂，

會須一飲三百杯。
岑夫子，丹丘生，
將進酒，君莫停。
與君歌一曲，
請君為我側耳聽。
鐘鼓饌玉不足貴，
但願長醉不願醒。
古來聖賢皆寂寞，
惟有飲者留其名。
陳王昔時宴平樂，
斗酒十千恣歡謔。
主人何為言少錢，
徑須沽取對君酌。
五花馬，千金裘，
呼兒將出換美酒，
與爾同消萬古愁。

　　這首詩的大意是說，人生短暫，青春年華如滔滔流水，一去不回，面對苦短的人生，與其珍視那些生不帶來、死不帶去的金銀珠寶，倒不如珍惜眼前一杯美

酒，盡情享受人生的歡樂。

「好一個『天生我材必有用』！」元丹丘讚美著:「像太白這樣的人才，相信終有嶄露頭角的一日！」

李白微笑謙讓了幾句，內心波濤洶湧，儘管他對功名富貴看得瀟灑，卻難以忘懷安定社稷的理想。

拜別修道的老師與好友之後，李白來到襄陽，拜見荊州長史韓朝宗。韓朝宗以禮賢下士聞名天下，當時的文人豪士都說：「生不用萬戶侯，但願一識韓荊州。」李白寫下〈與韓荊州書〉，信中說:「我十五歲劍術精湛，三十歲文章斐然，雖然身高不滿七尺，但是雄心勃勃，勝過千萬人……每每看到您所提拔的賢人，懷抱對您的感恩，為國盡忠盡孝，這是因為您對他們推心置腹的緣故，晚輩希望成為您的國

士，危急的時候，為您出生入死。……」李白的信寫得文情並茂。除了韓朝宗之外，李白又積極向幾位朝中官員毛遂自薦，期待能遇見知人善任的伯樂。

李白的努力終於發揮效用，一位曾經一起修道的舊友受詔面見皇帝，向玄宗大力推薦李白，玄宗原本就耳聞李白的響亮詩名，加上玉真公主與幾位朝中官員在一旁推波助瀾，於是下了詔書，命李白入宮。

2

妙筆驚皇城

天上謫仙

天寶元年（742年）秋天，李白來到長安。在辦妥繁雜的文書手續之後，官員告訴李白必須等候數日，待皇上下詔再入宮。等待的日子裡，李白愉快的在長安城中遊歷，欣賞京城的風光。

長安城真大，整齊如棋盤格線的街道，來來往往的商旅，到處都可以看見高額頭大眼睛的胡人，還有穿著胡人衣服、眼睛細長的漢人。街上有人在賣胡餅，熱呼呼的灑了芝麻；晶瑩的紫色葡萄、翠綠的哈密瓜，一看就知道是從胡地送來的。大家似乎挺喜歡胡人的歌曲，酒肆裡傳來愉快的歌聲，眉眼嫵媚的胡姬在其中跳舞助興，懷裡反抱著一把金

色琵琶，動作輕柔曼妙；兩邊還有幾個樂工演奏橫笛、拍板、琵琶、古琴等各種樂器，為中間的舞伎伴奏助興。

好酒的李白進了一家酒肆，叫了好幾種胡酒：波斯的三勒漿、龍膏酒，高昌的葡萄酒……一個有著美麗眼睛的胡姬邊跳舞邊為他把酒端來，輕飄飄的薄紗像極了蝴蝶翅膀。整個城市，縈繞著異國風情。＊

正喝著酒，忽然聽到旁邊的酒客一陣鼓譟，只見剛才跳舞的胡姬紛紛退下，一個妙齡女郎抱

放大鏡

＊在唐代，境內的外國人很多，政府不但保護他們通商貿易的安全，更允許他們參政做官。在這樣的背景下，胡漢文化相互交融：外國的音樂、舞蹈、遊戲在長安長期流行；唐人大規模的穿戴外國服飾；外國食物在長安比比皆是，東市和長興坊還有專門的「胡食店」……外國的文化似乎成為當時社會的流行風氣。唐朝社會包容力很強，唐太宗宣布各個種族在他心中一律平等，都是他的子女，這種「四海一家」的思想打破了傳統「華夷分界」的民族偏見，也為整個民族注入源源不絕的生命力，這正是大唐變成當時超級強國的原因之一。

著一把顏色斑斕的古琴走到臺前，向眾人微微一笑，接著十指輕快的撥弄琴弦，唱起歌來：

揚清歌，發皓齒，
北方佳人東鄰子。
且吟白紵停綠水，
長袖拂面為君起。

女郎唱的正是李白年輕時作的詩〈白紵詞〉，詩中讚美一位名叫「東鄰子」的美女，歌聲是如何好聽，舞姿是如何動人。女郎歌聲甜美動人，一曲唱完，酒客都鼓掌叫好。

女郎下了臺，逕自抱著琴周旋在酒客之間，到了李白桌前，她盈盈下拜：「李公子，小女子方才獻醜了。」李白哈哈大笑：「姑娘歌聲美妙，傾倒眾生，怕是我的詩獻醜了呢！」

「怎麼會呢！」女郎張大水汪

汪的眼睛問道。

「哈哈，這首詩其實仿作自南朝詩人鮑照的詩句『珠唇動，素袖舉』。我寫〈白紵詞〉時太年輕了，作品不夠成熟。」

女郎看著李白好一會兒，嘆口氣：「李公子，實不相瞞，小女子今天早就看到您在這裡，才故意唱您的詩的，想不到您不喜歡這一首。其實，我們很早以前就見過的，您大概已經不記得了吧？」女郎向李白敬了一杯酒：「小女子姓段，名叫小青，百花樓頭牌歌女，昔日成都城外，曾蒙公子相救。」

李白微笑起來：「我倒真的不記得了。」小青嫵媚一笑：「公子自然不記得小青，小青可是常聽到您的名字，前幾天我奉命到李丞相家彈琴，就又聽到他們談論您的事情。」

「李林甫？那個蒙蔽皇上的

小人？」李白皺起眉頭。

「小青是歌女，哪裡能管客人是不是小人。公子，聽說您去晉見丞相，在一板子上題字，自稱是『海上釣鰲客』。丞相見了奇怪，便問：『海上釣巨鰲，要用什麼來作鉤線呢？』結果您回答：『巨鰲縱逸其情志於天地、風浪中，而我便以虹霓為線、明月為鉤來釣牠。』丞相又問：『那要用什麼東西來當餌食呢？』您說：『用的是天下無義的人來作餌食。』丞相聽了又驚又怒，到現在還記恨著呢！」小青說著掩口嬌笑，悄聲說：「小青可是覺得有趣極了。」

李白微微一笑：「丞相當日臉色十分難看，許多人私下都勸我小心項上人頭呢。」

小青眨眨眼：「公子，那李丞相可氣得渾身發抖呢！您不怕他害您嗎？」

李白搖搖頭，義正詞嚴的

說:「邪不勝正，有什麼好怕？」

小青歪著頭想了想，拍手笑說:「還有，我到李邕大人家唱歌時，聽見他們在談您的詩，大鵬什麼的。」說著說著小青乾脆念起來：

大鵬一日同風起，
搏搖直上九萬里。
假令風歇時下來，
猶能簸卻滄溟水。
時人見我恒殊調，
見餘大言皆冷笑。
宣父猶能畏後生，
丈夫未可輕年少。

李白長嘆:「大鵬一日同風起！我多希望自己就是那大鵬！從年少時我便以大鵬自比，期許自己可以一鳴驚人！李邕大人愛惜賢才，如果能得到他的賞識與提拔，那麼我當真就像大鵬鳥遇

上旋風一樣，乘勢而起，一飛沖天！所以我才去求見李大人，希望獲得他的提拔，也請他不要看輕後生晚輩。」小青俏皮的說:「從前我看公子飛簷走壁，已經很像大鵬啦！」接著又輕輕的說:「現在您真的是大鵬了，我聽好些客人在談，說皇帝等著要見您呢！」

幾個歌女對小青招手，小青匆匆起身走了，還不忘對李白擺擺手。李白付了酒錢，動身前往道教的聖殿紫極宮。

在紫極宮裡，李白正瞻仰著殿中神像，忽然注意到一位鬚髯皆白的老者，老者目不轉睛的注視著李白，目光炯炯有神。李白上前行禮，兩人相互寒暄之後，老者問起李白的姓名，李白拱手答道:「晚輩李白。」

「原來你就是李白！老夫等你許久了！」老者欣喜的說。

「敢問前輩尊姓大名？」李白

問。

「呵呵，老夫便是人稱『四明狂客』的賀知章！」

賀知章是當朝三品大官，也是位有名的詩人，跟李白一樣喜歡喝酒。兩人一見如故，他們一起坐在陽光和煦的窗邊，空氣中飄著淡淡的墨香，賀知章展開手中的詩卷，輕輕吟誦李白的〈烏棲曲〉：

姑蘇臺上烏棲時，
吳王宮裡醉西施。
吳歌楚舞歡未畢，
青山欲銜半邊日。
銀箭金壺漏水多，
起看秋月墜江波，
東方漸高奈樂何。

詩中將吳王不愛江山愛美人的醉生夢死，荒淫廢政的場面和國破家亡的結局寫得婉轉深刻，

賀知章嘴角展露驚喜的笑容。他用指節敲敲紙面：「真是令人深自警惕！這首詩可以讓鬼神都感動流淚了。」

李白謙虛的笑笑：「晚生更喜愛的是〈蜀道難〉。」說著一面擊打酒壺一面長聲吟誦：「噫吁戲，危呼高哉！蜀道之難難於上青天。蠶叢及魚鳧，開國何茫然。爾來四萬八千歲，始與秦塞通人煙。……朝避猛虎，夕避長蛇。磨牙吮血，殺人如麻。錦城雖云樂，不如早還家。蜀道之難難於上青天，側身西望長咨嗟。」

這首詩寫的是蜀道的崎嶇難行，不僅路面顛簸險峻，一路上更是荒涼蕭瑟，還隨時有猛獸毒蟲伺機危害旅人。賀知章聽後驚奇極了：奇險的情境、奇險的用字、奇險的音韻，逐字念下來，真讓人感覺到蜀道的奇險難行，彷彿自己正顛顛簸簸的走在高聳

的懸崖邊緣，強風吹得人搖搖晃晃，金色的大老虎隨時要從旁邊竄出來。

「好詩！好詩！」賀知章一面聽著，口中嘖嘖稱奇：「這不是凡人能寫出的文字，你該是從天上貶謫下來的神仙啊！」

賀知章意猶未盡的把詩妥善收好，解下佩飾的金龜交給隨從：「拿去換幾罈酒，跟店家交代要最陳、最好的，就說我要邀謫仙喝一杯！」李白十分感動：賀知章完全不擺大官的架子，真心誠意與自己交友。人生能得一二知己，夫復何求！

回到客棧，李白陷入了沉思。「天上謫仙人」，賀知章這麼誇他。是巧合嗎？李白自己的出生充滿傳奇性，親友都說他是太白金星托生的。「你真的是星星下凡變的嗎？」小時候，他的小玩伴老愛問他。「我娘是那樣相

信。她生我的時候，夢見明亮的太白金星滾入懷中。你看，就是那一顆！」幼年的李白把星星指給小玩伴看，小玩伴看看星星又看看李白，懷疑的說：「它明明就還在天上，你怎麼會是它變的？」

小時候，他和父母住在安西都護府碎葉城＊，五歲以後，李白全家才搬到四川廣漢，回到漢文化的懷抱。碎葉城，那是離漢人社會好遠好遠的胡地，黃沙捲得半天高，商旅老在夜裡吹奏令人斷腸的曲子，曲子裡有著無限的思念與哀傷。那時的李白好小，一點都不懂商旅思念家鄉的

放大鏡

＊當時的碎葉城是絲路上的一個重要都市，漢人、胡人雜居在這裡。它的經濟文化都有相當發展，還有私塾教授漢人典籍。隋朝末年，李白的祖先因故流亡到碎葉城，隱姓埋名，過了五個世代，後來李白的父親才在唐中宗神龍元年帶著家族（李白有一個大家族，他在他這一輩排行第十二），返回關內，並恢復李姓。李白的父親名叫「客」，這是他寓居四川後取的名字。他們從西域返回四川，可能是因為當時碎葉城局勢不穩（碎葉一度被突厥部族占領）。

哀愁，一股勁兒的覺得胡地很有意思、很好玩：看！肥壯的馬匹像旋風一樣跑來跑去，武士靈活的大刀亮晃晃的好嚇人，百步穿楊的弓箭手「嗖」的一箭射中天上的大雁……他好喜歡往外跑，學胡人張弓射箭，模仿官兵練拳腳功夫。

父親管教他非常嚴格，要他好好讀漢人典籍，他卻三不五時跑出去玩；父親怕他忘本不許他說胡語，他偏偏喜歡跟母親用突厥語說悄悄話；父親氣壞了要打他，他趕快背書給父親聽，他很聰明，背得又快又好，父親莫可奈何，只能放下棍子。

小小的李白很得意自己頭腦這麼好，本來都打算要這樣子邊念書邊打混過下去了。後來有個很疼愛他的老婆婆告訴他：讀書不可以靠小聰明，要下功夫才行哩！老婆婆還從針線盒裡拿出一

根用來扎鞋底的大鐵針告訴他：只要肯下功夫，武士們要的鐵杵也可以磨成這麼細的針，更何況是讀書呢！當時的李白十分震驚：臂膀般粗的鐵杵要磨成細細的針，是多麼艱鉅的工程！然而只要專心致志，就可以完成。讀書求學問不也是一樣嗎？如果只是淺嘗輒止，達成的成果自然微不足道；但是如果苦心向學，精誠專一，那麼所達成的成就，自然不可限量。

　　於是李白下定決心，按捺住喜好玩樂的衝動，耐著性子乖乖讀書，慢慢發覺書本真是有趣極了，絲毫不輸給舞刀弄劍。他什麼都讀：道教六甲、儒家經典、各朝歷史、百家詩文……多姿多彩的典籍給侷促在小城中的他一個超越古今、超越距離的廣闊世界。在書卷的天地裡，他與好幾個叱吒風雲的英雄人物結為好

友：蘇秦、張儀、張良、魯仲連、謝安、范蠡等等，他立志要成為這樣的英雄豪傑:「等我長大以後，我也要成為一個安社稷、平天下的偉大人物！」

李白感嘆著：一路走來，儘管經過一次又一次的挫敗，他畢竟是走過來了。雖然遭遇挫折，他仍然相信自己的能力，不放棄經世濟民的夢想。終於讓他等到了成功的一天。天上的星星閃閃發光，李白滿心期待等著皇上召見，美好的一切才要開始。

名動京師

李白在長安等了幾天之後，玄宗終於召他入宮。玄宗第一眼看見李白時，整個人都呆住了。走在侍衛與大臣之間，李白玉樹臨風，英氣逼人，讓其他人都黯淡下來。儘管還離得很遠，儘管隔著重重人牆，玄宗還是一眼就

看到他。玄宗忘情的站起身，親自走向前迎接這一顆明亮的星星。眾人都吃驚的張大嘴巴：皇帝以萬乘之尊去迎接這個詩人呢！大家都知道皇帝雅好文藝，但是皇帝以這樣隆重的禮節接待一個詩人，這還是破天荒頭一遭。大臣們不禁微微的妒忌起來。

　　玄宗把李白接到大殿，問他：「愛卿喜好道術，朕日理萬機，百事纏身，又該怎麼求道？」李白微笑道：「皇上為百姓辛勞，境界自然高過凡俗道士。修道是修心，皇上只要有一時半刻沉澱思緒，回到本真，就能修養心性，不必鎮日煉丹。」

　　玄宗聽了很高興，又問他：「聽說你除了會神仙道術、會寫詩，還會舞劍，是真的嗎？」李白微笑點頭：「天子面前不敢帶劍，請皇上賜楊柳一枝，布衣李白以

柳為劍，表演給皇上看。」

　　玄宗命人折來嫩楊柳枝，李白表演了一套平日愛練的劍法，英姿勃勃，靈動神妙，玄宗鼓掌叫好。玄宗又問起李白一路上的奔波，李白選了幾件有趣的見聞說給玄宗聽，李白的神采飄逸飛揚，說起話來口若懸河，玄宗越聽越喜歡李白。

　　「愛卿真是神采不凡啊！」玄宗滿意的呵呵笑：「朕封你為『翰林供奉』，借你的神仙之筆，為朕輔佐民間教化。」

　　玄宗對李白十分寵愛。天冷了，寒風把浸滿墨汁的毛筆凍成黑色冰棍，玄宗怕李白寫作不方便，派了十個宮女服侍他寫字，宮女一人拿一枝象牙柄毛筆，不停的呵出熱氣，讓筆尖保持溼暖。李白醉了，在皇帝面前吐得一塌糊塗，玄宗不但不生氣，還憐惜的取出巾帕為他擦拭，又親

手調製醒酒湯給他喝。

這天，興慶池沉香亭前面的牡丹開了，紅色、紫色、淺紅、白色，鮮豔穠麗的色彩，交織成一個奇異美麗的夢境。玄宗開心極了，騎著愛馬「照夜白」，領著許多侍從，一行人浩浩蕩蕩的去賞花，而他最心愛的妃子楊玉環＊也乘坐步輦隨侍在旁。沉香亭側擺開了酒筵，最會唱歌的樂工李龜年也來了，手捧檀板，帶領著十六個精通樂曲的梨園弟子，準備為皇帝表演助興。＊

妃子為玄宗斟了一杯酒，玄

＊楊玉環　即後來的楊貴妃。當時楊玉環尚未被封為「貴妃」。

＊唐玄宗酷愛音樂與舞蹈，他從太常寺（宮廷的音樂舞蹈機構）挑選出三百個頂尖樂工，親自教他們音樂，這些人就是「梨園弟子」，「梨園」等於是玄宗開設的音樂學校。玄宗天賦極高，樂音稍稍有錯，他一定能聽出來並親自指正；而玄宗每創作出新曲子，也馬上交給梨園演奏。在玄宗的調教下，梨園成為一流的演出團體，除了在國家的盛大慶典中負責演出之外，他們大部分時間都在為皇家（尤其是玄宗）服務。

宗雙目含笑接了過來，妃子體貼的問：「皇上愛聽些什麼曲子？讓他們演奏給皇上聽。」玄宗非常喜歡音樂，他想了想說：「不要聽老舊歌詞。這樣的良辰美景，花開得這麼美，又有妳陪在我身邊，我們聽些別緻的新歌。」轉頭吩咐李龜年：「拿著金花箋，宣賜翰林供奉李白即刻晉見。」

李白來了，氣宇軒昂，衣帶翩翩，深深向玄宗一拜：「皇上。」玄宗微笑：「良辰美景當前，請學士以眼前佳景為題，作〈清平調〉樂詞三章。」又命令太監：「給學士磨墨！」

李白一手展開蠶繭紙，一手提起鼠鬚筆，沉吟著寫些什麼好。牡丹花的影子倒映在水面上，水光粼粼，一片絢麗的光影。妃子的容貌清麗絕俗，與花朵交相輝映。玄宗深情的望著妃子，臉上堆著滿滿的幸福。李白

的詩興發了，他搖頭晃腦的低吟
了一會兒，提筆沾飽墨汁，迅速
的在紙上寫下一行行詩句：

雲想衣裳花想容，
春風拂檻露華濃；
若非群玉山頭見，
會向瑤臺月下逢。

一枝紅豔露凝香，
雲雨巫山枉斷腸。
借問漢宮誰得似？
可憐飛燕倚新妝。

名花傾國兩相歡，
常得君王帶笑看。
解識春風無限恨，
沉香亭北倚闌干。

詩一寫好，玄宗就迫不及待
的接過去，命李龜年就著梨園弟
子的伴奏，將李白的詩唱出來：

「雲想衣裳花想容，春風拂檻露華濃，……」李龜年的歌喉真好，把這首優美的詩詮釋得浪漫至極。詩中把妃子比作美麗的牡丹花，比作絕俗的仙子，看到天邊的雲彩，就想到她飄飄的衣衫；看到園中的牡丹，就想到她絕俗的美貌，這樣的人兒，簡直不是凡間所能有的，該是在神仙聚會的群玉山，或是仙女居住的瑤臺，才見得到的啊！漢朝受寵的妃子趙飛燕，尚且需要胭脂水粉妝點，然而美麗的妃子，卻是國色天香，即使不化妝依然傾國傾城。美麗的牡丹和美豔的妃子相互襯托，無怪乎君王如此喜悅的欣賞、寵愛著她們啊！

　　「好！學士才華不凡！既寫出花的美，又寫出人的美，更難得的是清新優雅，不帶濃豔匠氣。好詩、好詩！」玄宗一面聽，一面讚美，妃子更是芳心喜悅，

臉上出現兩團紅暈。玄宗見妃子非常喜歡這首作品，於是命人取來心愛的玉笛，親自吹笛伴奏。沉香亭畔，笛聲輕亮悠揚，在曲調轉換之處尤其婉轉有致。李白四下張望，滿園牡丹迎風招展，風中瀰漫著脂粉香、檀香、花香，一片旖旎風光。妃子手執琉璃七寶杯，一面淺呷著葡萄酒，一面含笑接受李白詩歌的讚美。在悠揚的樂聲中，李龜年唱完了三首詩，向玄宗深深行禮。玄宗放下玉笛，親自為李白斟上滿滿一杯酒，半開玩笑的說：「詩美則美矣，不過拿牡丹來比人，只怕人比花嬌呢！」李白微笑稱是，妃子在一旁嬌羞一笑，斂起繡巾向玄宗下拜致謝。玄宗見妃子高興，心中大樂，又命人回御書房取來幾樣自己心愛的精巧珍玩賜給李白。

　　沉香亭畔的榮寵，幾乎是李

白宮中歲月的高峰。無論宮中或民間，人們只要一提到李白，總要為他的才華與境遇嘖嘖稱奇。

「聽說李白初到宮門時，皇帝親身下車迎接，好像漢高祖禮賢下士，親自接見賢人『商山四老』一樣！」

「聽說皇上賜他在七寶床上吃飯，還親手調羹湯給他吃！」

「聽說沉香亭畔宴會上，李白奉旨作詩，雖然宿醉未醒，仍立刻寫出，皇上喜歡得不得了，從此特別喜歡李白，其他學士都比不上！」

李白的才華並不僅僅限於詩歌創作上。一天，李白正舒舒服服喝著酒時，一個小官匆匆忙忙來找李白：「皇上召見！」李白很詫異，因為小官的臉色發青，像是受了很大的驚嚇。他披上外袍匆匆跟著侍從走，一路上看到許多愁眉苦臉的官員，李白驚奇的

問：「發生了什麼事？」

　　小官苦著一張臉說：「吐藩來朝，按理說小國入貢是值得開心的事，不過這個小國不一樣。他們沒帶任何禮物，倒是帶了一封國書給皇上。那國書上的字奇怪極了！歪七扭八，橫不像橫，豎不像豎，一撇一捺都沒個樣子。朝中也有人熟悉突厥等胡人文字的，都說從未見過這種文字。那個使者一臉得意，大夥兒可是灰頭土臉，皇上覺得面子掛不住，大發脾氣，還說三天之內如果沒人解得出，就要所有在朝官員回家種田！」

　　李白匆匆步入大殿，玄宗眼睛一亮，招呼道：「李學士來了！快來看看這封信！」

　　李白接過去，白紙上的奇怪文字映入他的眼簾，電光石火之間，童年在胡地的閱讀記憶穿過他的腦海。他快速的瀏覽完那封

奇怪的國書，信裡的意思已了然於心。李白挺起胸膛，大聲的將國書翻譯成漢文，朗誦給玄宗聽，大臣們在一旁大氣都不敢喘一下。念完信，只見使者臉上流露出不可思議的神情，玄宗又驚又喜：「學士真是博學多聞！」於是又命令李白寫回信。

李白突然頑皮起來，他早就看不慣太監高力士威風跋扈的醜樣，決定趁機整一整這個大奸賊。

李白向玄宗深深行禮：「微臣有個不成體統的希望：求皇上准微臣寬衣。微臣舒適些，回信也會寫得更流暢。」玄宗點頭：「准。」李白心裡暗自高興，他裝出醉醺醺的樣子，先脫下外袍，然後又用力扯靴子，嘴裡念著：「哎呀！看我醉成這副德性，連靴子都脫不下來！」然後抬頭對玄宗說：「皇上，微臣大概喝多了，連靴子都

脫不下來，請高公公助臣一臂之力吧！」

此話一出口，大殿之上人人吃驚得張大嘴巴，高力士更是氣得面孔扭曲。玄宗擺擺手：「一切依你。」高力士不可置信的抬頭望著玄宗，玄宗威嚴的命令：「為學士脫靴。」

高力士一向是皇帝寵愛的親信，幾時受過這種侮辱？更何況李白是在滿朝文武百官幾百雙眼睛注視下教他出醜。他恨得牙癢癢的，但是又不敢違抗玄宗的意思，只好惡狠狠的瞪了李白一眼，咬咬牙蹲下身。李白笑嘻嘻的抬起腳：「拜託你啦！」

脫下兩隻臭烘烘的靴子以後，李白滿意極了。他提起毛筆，以同樣的奇怪文字為玄宗寫了回信，並以漢文寫了一份副本，一併呈給玄宗批閱。

回信寫得俊潔流暢，正氣凜

然，內容大意是說，大唐向來是「人不犯我，我不犯人」，以仁愛包容天下萬國，企求與各國和平相處，並委婉告誡吐蕃王，唐朝實力雄厚，不會姑息任何挑釁行為。

玄宗看了非常滿意，心想：這下子我大唐天子可揚眉吐氣了。他欣喜的看著李白好一會兒，轉頭笑著對使者說：「回信已經寫好，請把我的信帶給貴國國君。」吐蕃使者由原先的趾高氣昂變得尷尬不安，急急向玄宗行禮，第二天就連滾帶爬的逃回吐蕃了。

吐蕃國君看完信大驚失色，他原先的用意是要重挫大唐的面子，誰知道大唐竟然有如此出色的人才。從此吐蕃王對大唐更添一層敬意，而李白在玄宗心目中更加不同凡響，受盡寵愛。

有一回玄宗與群臣宴樂，宣

李白作詩助興。誰知李白醉倒了，搖搖晃晃的讓小太監攙進來。「學士又喝醉啦！」玄宗又好氣又好笑的說:「這可真是『天子詔來不上船，自稱臣是酒中仙』。」

李白睜開惺忪的醉眼，他剛剛才從寧王的筵席上喝得醉醺醺的被叫回來，現在還沒完全醒過來呢。

玄宗想考考李白，故意說：「朕有事找你，你卻醉成這樣，該罰！現在命你馬上作十首詩來。作得好有賞，作不好朕可要重重罰你。」

李白不好意思的笑了，他想了一會兒，決定以自己最喜愛的七言古詩為體裁，＊一下子就作出好幾首質樸古雅的詩歌。

玄宗邊讀邊點頭，撫著鬍子哈哈大笑:「作得好，作得好！該賞，該賞！不過，學士現在這麼

醉，朕可不能再賜你美酒囉！」

喝下醒酒湯的李白漸漸醒了，他陪著玄宗欣賞梨園弟子表演的「霓裳羽衣曲」。李白看玄宗滿面春風，便取出懷中的詩文打算獻給玄宗，玄宗問他：「這是什麼？」

李白恭敬的說：「昔日先王高祖有丞相魏徵，進〈諫太宗十思疏〉，今日雖然不敢以魏徵自許，但也有心直言國家弊端。」

玄宗楞了一下，心想翰林供奉本來就不是諫官，憑什麼提出諫言；再說他正玩得高興，酒酣耳熱之際，根本不想聽任何逆耳忠言。玄宗思考了一下，委婉的

放大鏡

＊七言古詩是李白最擅長、成就最高的詩歌形式。由於七言古詩形式自由，每首要寫多少句、每句要寫多少字，都可以任意發揮，加上沒有音韻平仄及對仗的嚴格規定，因此便於表現豐富複雜的思想感情，在李白筆下尤其具有不凡的創造性與藝術價值。李白喜愛形式比較自由的古詩和絕句，不愛寫格律嚴整的律詩。除了七言古詩之外，他的絕句也有傑出的成就。

說：「愛卿作為詩人，總要超凡脫俗才好。這些俗事有其他朝臣操心就可以了。」

旁邊一個官員也笑著說：「李翰林是神仙呢！怎麼能管這些俗事呢？」李白有些失望，他默默的收起文章。

其實，翰林供奉的工作只是為玄宗從事文學服務而已，和李白當初所期望的大事業有很大的出入，這讓李白非常失望；而真正從官以後，種種繁文縟節、案牘之事，更讓喜歡自由的他覺得悶得難受。李白打從心裡知道自己很不快樂。

寂寞獨酌

李白的受寵令許多人看得眼紅，嫉妒李白霸占了玄宗的目光，李白的放浪不羈更令許多保守的官員不以為然，翰林院中認同李白的人屈指可數，李白開始

聽到同僚們有意無意的冷嘲熱諷。

「王學士，你說李白這個人怎麼樣？」

「我說他不成樣子嘛！整天醉醺醺，你看看！又醉死在那裡！真不知道皇上是怎麼想的。」

「哼，他不過會寫幾首詩，就跟你我一樣，還自以為多了不起，我看了就討厭。」

「可不是嘛！還妄想要什麼安社稷，說得跟真的一樣，也不想想自己是什麼身分，不過是個翰林供奉罷了，而且還不是正職呢。」*

「哈哈哈！安社稷？你看他醉成那樣，像是能安社稷的人

放大鏡

*李白所被安置的翰林院是當時集中文學之士的一個政府機關，「翰林供奉」的職責是為皇帝草擬文誥、詔令之類的公文。宮中宴樂的時候，他們也隨侍在旁，寫作詩歌助興。李白當「翰林供奉」是皇帝的特許，還不是正式任命的官員。

嗎？」

　　「姑且不說他狂妄，他這個人實在不像樣！不是我多事，我們當官，要有當官的樣子。他這樣四處胡鬧真的太不像話了！」

　　李白深感痛苦。他一向不愛跟心胸狹窄的人計較，所有的流言流語都當作過耳東風，但是其中一句話擊中他的要害：「不過是個翰林供奉罷了！」進宮以後，有好幾次李白想找玄宗討論國家大事，可是玄宗都只叫他寫寫詩。

　　流言的中傷也讓玄宗日益疏遠李白了，臣子們的蜚短流長，一天天減去玄宗對李白的喜愛；李林甫難忘李白「海上釣鰲客」的嘲諷，也趁機落井下石；高力士對脫靴之辱懷恨在心，眼看李白日益失寵，便伺機藉皇帝鍾愛的妃子楊玉環之口說李白的壞話。

　　這一天，妃子正愉快的一邊

練習琵琶，一邊低低唱著〈清平調〉，高力士乘機問：「奴才常聽娘娘唱這支〈清平調〉，娘娘很喜歡這首詩吧？」

「是啊，想當日興慶池畔，皇上千萬寵愛，命李白作詞。你聽，這『雲想衣裳花想容』，把人寫得多美！」妃子高興的說著，紅暈飛上了兩頰。

高力士故意吞吞吐吐的說：「娘娘這麼高興，老奴有句話就不知道該不該說了……」

「高公公想說什麼？」妃子好奇的問。

「娘娘，這〈清平調〉您只知其一，不知其二，」高力士壓低聲音說：「李白明著誇您美麗，背地裡卻是在譏諷您呢！那第二章的最後一句，什麼『可憐飛燕倚新妝』的，娘娘可知趙飛燕是什麼人物？趙飛燕為亂漢室，最後被打入冷宮啊！」*

妃子一聽臉色大變，失寵是任何一個嬪妃心中最大的恐懼，這句詩不但犯了這個忌諱，而且還是以趙飛燕這樣一個荒淫狠毒的后妃來比喻她。妃子的出身微賤，加上她本來是玄宗的兒媳，玄宗把她從兒子手中搶過來，因此她對自己的身世非常敏感，聽到高力士的話，她寒著臉把琵琶往地上重重一放。

高力士見妃子生氣了，火上加油的說：「娘娘，李白拿趙飛燕來比您，是在笑話您、譏諷您啊！」高力士惱恨脫靴之辱，故意曲解詩句抹黑李白。

「好大膽的李白，竟然敢羞

放大鏡

＊趙飛燕是私生女，原本是個歌伎，因美貌一度受漢成帝寵愛，立為王后。由於她的出身不好，立后時太后曾加以阻撓。她十分善妒，會殺害已經懷孕的其他妃子；漸漸失寵之後，又傳出私生活不檢點的醜聞。成帝駕崩後，她被打入冷宮，寂寞而終。被拿來和這樣一個出身低賤、狠毒善妒、放浪不檢、下場悲涼的對象比較，也難怪楊玉環會不舒服了。

辱我!」妃子一張俏臉氣得慘白。

「娘娘息怒。能怎麼辦呢？李白可是皇上心中的大紅人啊!」高力士還在一旁說風涼話，妃子冷冷一笑，咬牙切齒的說:「大紅人是嗎？我倒要看看皇上比較喜歡誰!」

從此以後，楊玉環便藉著枕邊細語破壞玄宗對李白的信任與寵愛，駙馬張垍等嫉妒李白的官員，一看李白地位動搖，便開始在玄宗面前落井下石的進讒言。

玄宗原本就只把李白看作是寫詩娛樂的侍臣，在眾口鑠金之下，對李白的欣賞也一天天冷淡下來。李白在朝中只剩賀知章等一干相知相契的好友，他們都爽朗熱心、有正義感。在李白悲傷的時候，他們一起喝酒解悶，尤其是賀知章，兩人是文學與道術上的友伴，對彼此都有很深的好感。然而不久之後，連賀知章也

捲入朝中是非，決心請辭還鄉。天寶三年，高齡八十六歲的賀知章向玄宗請辭，返鄉為道士。

　　賀知章一走，李白忽然覺得宮裡寂寞得好可怕。他每天都要喝很多的酒，來抵禦那種荒涼空虛的孤寂感。園子裡的牡丹開得燦爛豔麗，一如當初在沉香亭畔，李龜年詠唱〈清平調〉那天，那時李白到宮裡才一年多，正是意氣風發的時候。

　　李白嘆了口氣，就著溫柔的月色，滿滿的斟滿一杯酒，高舉杯子：「乾杯吧！月亮。你照遍世間繁華熱鬧，也照遍世間蕭瑟寂寥。你應該可以理解我的心情吧！」

　　一旁侍僮驚訝的問：「學士邀月亮一起喝酒呀？」

　　「是啊！」李白又斟了一杯：「可嘆宮中人才濟濟，多是爭名逐利之輩，與他們共飲，只會壞

我酒興。不如邀明月共享美酒，還要邀我自己的影子，這樣就有三個人了！乾杯！」

處在冷冷清清的深宮大院，遠離了相知相契的朋友，李白只能將明月當成友伴。李白和他的「同伴」喝乾了一壺又一壺，酒入豪腸，李白詩興發了，他高聲念道：

花間一壺酒，　獨酌無相親。
舉杯邀明月，　對影成三人。
月既不解飲，　影徒隨我身。
暫伴月將影，　行樂須及春。
我歌月徘徊，　我舞影零亂。
醒時同交歡，　醉後各分散。
永結無情遊，　相期邈雲漢。

在花間獨自飲酒，沒有相知的同伴，只能將明月、影子當成友伴了，只能及時行樂啊！無奈月亮、影子都不會喝酒，儘管此

時它們暫且相伴，終究還是必須
獨自一人面對現實的孤寂。只願
有朝一日能化作神仙，遠離煩擾
的人間，和月亮一起逍遙自在的
在天空中漫遊。

李白醉了，李白醉醺醺的唱
起歌，李白踉踉蹌蹌的舞起劍。
李白頹然靠在大石頭上，閉上疲
憊的雙眼，睡著了。月光輕輕覆
蓋在李白身上，像是一件銀色袍
子。

天寶三年（744年）三月，李白向
玄宗請辭，離開了他長久渴望、
最終卻惆悵失望的都城。

3

詩酒對江山

酒逢知己

　　長安城在遙遠的那一頭。

　　李白帶著玄宗賞賜的一大筆錢，徜徉在山水溫柔的懷抱中，任由風吹亂他的頭髮，享受自由不羈的生活。

　　此時的李白，儘管在政治上不得意，聲名卻更為響亮，人們一談起李白，總忍不住要津津樂道他所受過的榮寵。

　　「李白了不起！能讓高力士為他脫靴子，可見他才氣不凡，連高力士都得低頭！」

　　「別說高力士，就連當今丞相李林甫，也被李白『海上釣鰲客』的名號氣得臉色慘白，卻莫可奈何！」

　　「皇上寵李白，親自為他擦

去酒醉嘔吐的汙穢，又為他調醒酒湯。」

「李白必定是神仙下凡，難怪鋒芒萬丈，連天子都要讓他三分呢！普通人哪敢在皇帝面前醉酒啊？」

販夫走卒們把李白的事當作傳奇故事來講，尤其喜歡談他以一介平民壓過李林甫、高力士的事蹟；文人雅士則把李白看作榜樣，尤其是一些沒沒無聞的讀書人，常常拿自己的作品請李白指點一二，一方面希望自己能沾染一些李白的才氣，讓作詩技巧突飛猛進；另一方面則暗暗希望，名震天下的大詩人會突然喜歡上自己的作品，大加讚賞，自己便可藉此一舉成名。

離開長安之後，李白透過詩酒結識了許多朋友，也見了許多有心求教於他的人，本著提拔後進的襟懷，李白耐心的一一接待

他們，也讀了許多不同風格的詩作。然而，真正能令李白激賞的作品卻很有限，有的作品只是詞藻華麗，情感與思想內涵卻不夠充實動人；有的是生硬的模仿當代名詩人的作品，失去了詩的優美韻味；有的則是無病呻吟，矯揉造作，絲毫不見生動樸實、剛健有力的美感。＊

這天，又有人來拜訪李白，李白站起身，只見來訪的是個三十歲左右的書生，一身破舊的衣衫，清瘦的臉龐看起來疲倦至極，像是走了很遠的路，又像長時間營養不良，可是一雙眼睛真是明亮有神，洋溢著誠懇與溫

＊李白對詩的喜好受陳子昂影響，主張詩要聯繫現實，還要有充實的思想和剛健有力的風格。他以傑出的創作才能領導時代風氣，一掃前代講求雕琢、忽視思想內容的弊病，不但在當代樹立典範，中唐的韓愈、孟郊、李賀，宋代的蘇軾、陸游、辛棄疾，明清的高啟、楊慎、龔自珍等著名詩人，都受到李白詩歌的巨大影響。

柔。李白照例擺開美酒和幾樣點心，邀書生坐下對飲。「請問尊姓大名？」李白問。書生欠欠身子說：「在下杜甫，字子美。」說完便緩緩展開手中詩稿。這詩稿字跡工工整整，一絲不苟，充分顯現寫作者認真嚴謹的個性。

岱宗夫如何？
齊魯青未了。
造化鍾神秀，
陰陽割昏曉。
盪胸生層雲，
決眥入歸鳥。
會當凌絕頂，
一覽眾山小。

李白一邊讀，一邊嘖嘖稱奇：「好詩、好詩！尤其『齊魯青未了』一句，以眺望所見的綠野平疇襯托泰山的高峻，區區五字就囊括泰山雄秀壯美的數千里風

光。神妙之至！子美兄能寫出如此佳句，必定是胸懷雄心壯志之才士啊！」

杜甫微笑作揖：「才士二字不敢當，不怕您笑話，小弟當時在『進士科』考試落了榜，＊才想到齊魯一帶遊歷。」杜甫說完，深深嘆了一口氣：「當時望著那壯麗江山，不禁想著：有朝一日，希望能輔佐國君，讓皇上成為堯舜那樣的賢君，讓天下安樂太平！」

李白聽了，心微微一震，彷

放大鏡

＊杜甫二十四歲時考過進士，沒有考上，此時的他正四處遊歷。唐代科舉考試科目以「進士科」、「明經科」最為盛行。由於明經科需廣讀經籍，當時藏有大量經籍的又以世家大族為主，所以應考明經科的多為世家大族；進士科較重個人發揮，比較不重視經籍，應考進士科的多為寒門子弟（像杜甫就是）。由於進士科偏重個人才華及文彩，錄取名額少（錄取率約百分之一）；明經科則偏於記憶背誦，錄取名額多（錄取率約十分之一），所以當時比較重視進士科。這種考選人才的方法優點是公平、客觀，能選出優秀的人才，而且即使是窮人也有機會出頭；缺點是考試內容欠缺實用，而且中舉的考生往往和提拔他的主考官連成一氣，各派系之間彼此爭鬥，導致政局混亂。

彷彿看到年輕時躊躇滿志的自己。在某些方面，李白和杜甫是非常不一樣的人，李白是屬於神仙的：他自由自在，狂放自適，不拘小節；杜甫則是屬於人間的：他舉止恭謹，要求自己應對進退都要合乎禮。不過，他們同樣都擁有濟世救民的理想，而且都寫得一手精采的詩。李白立刻邀請杜甫一同在梁、宋一帶遊山玩水、憑弔古蹟。

對這個時代的文人而言，梁宋是個特別的地方，許多懷才不遇的騷人墨客都喜歡到這裡來遊賞散心，藉著尋訪梁孝王與著名文士司馬相如、枚乘、鄒陽等才子相敬相知的歷史遺跡，＊抒解自己理想不能實現的苦悶與遺憾。李杜兩人玩得十分盡興，他們大口喝下甘醇芳香的美酒，開開心心的賭博、鬥雞，還在孟諸一帶騎馬打獵。

　　冬天，李白暫別杜甫，再度來到紫極宮，決心成為道士。成為道士的儀式稱「受籙」，李白和其他信眾反綁雙手，環繞法壇邊緣魚貫而行，口中念念有詞向神靈禱告，期間不吃不喝，連續數天數夜。最後從天師手中接過以白色絲絹製成的「道籙」，儀式才告完成。從少年時期就深深喜愛道術的李白，終於一償夙願。

　　儘管李白是道士，杜甫卻是儒家的信徒，不過這一點都不影響杜甫對李白的仰慕。

　　李白從紫極宮歸來後，兩人又一塊兒遊山玩水，討論詩文。

放大鏡　＊西漢梁孝王劉武禮賢下士，廣交天下賢士，司馬相如、枚乘、鄒陽等文學家都是他的賓客。梁孝王修築了「吹臺」，他與賓客們在吹臺上共同吟詩作賦，一時文人才士雲集。梁孝王與文士們吟詩作賦的雅事為後世所津津樂道，到了盛唐時期，懷才不遇的文人常喜歡到梁宋一帶尋訪吹臺故跡，緬懷梁孝王與著名文士君臣相知的史事，以抒解自己理想不能實現的苦悶。

李白看杜甫每次作詩，總是苦苦推敲、再三琢磨，忍不住說：「作詩何必這麼辛苦呢？自在一點不是很好？」杜甫好脾氣的說：「太白兄您才氣比一般人高，信手寫來都是好句。而我不是天才，所以只能多下苦功，才寫得出好詩。」

　　李白搖頭苦笑，半開玩笑的作了首詩：「飯顆山頭逢杜甫，頂戴笠子日卓午。借問別來太瘦生，總為從前作詩苦。」意思是：杜甫作詩太辛苦，弄得人都瘦啦。

　　杜甫聽了不禁莞爾：「太白兄又在開我玩笑，我可是精心作了首詩給您呢！」說著念道：「秋來相顧尚飄蓬，未就丹砂愧葛洪。痛飲狂歌空度日，飛揚跋扈為誰雄？」意思是：蕭索秋日，你我二人都四處飄泊，報國壯志不得伸展；想歸隱煉丹，卻又煉不成。只能鎮日喝酒放歌，在人們面前

作出瀟灑的樣子，有誰會懂我們呢——只有彼此，我懂你的狂傲，你懂我的寂寞。

李白默默聽完，內心十分感動，舉起酒杯對杜甫說:「人生得一知己，夫復何求？乾杯！」杜甫笑了，無論快樂悲傷，李白向來都離不開美酒啊！

快樂的時光似乎過得特別快，杜甫準備啟程去長安，希望能遇到知能善任的朝臣，晉身仕途，李白則準備重遊江東，他們不得不在魯郡石門分別。

「這一分開，也不知道什麼時候，才能再見面。」杜甫難過的說。

李白拉住他的手，溫和的說:「別難過，想想那些快樂的回憶。記得我們一起遊玩的時光嗎？我們老是你拉著我、我拉著你。有幾個晚上，我們連睡覺都蓋同一條被子。」

　　杜甫笑了：「我怎麼能忘記？你把酒打翻在另一條被子上，我們只好共用那條乾的。」

　　「是嗎？我怎麼記得是那家旅店太破舊，只有一條被子。」

　　美好的回憶湧上杜甫心頭：「記得我去魯郡拜訪你，我們還一起去魯城北方探望一位隱士，雲朵堆積在古城上空，寒風中傳來擣衣的聲音，那時我們都動了出世隱居之情。」杜甫懷念的說。

　　「那次出遊我們還迷路了，走到一大片蒼耳菜叢裡，我們的衣襬上鈎滿了長著小刺的果實，怎麼清都清不掉。看到隱士的時候，他正摘了一大簍蒼耳菜，說要煮給我們吃。」李白也陷入回憶。

　　「他還把他珍藏的霜梨切來招待我們，那天我們喝了好多酒。你還記不記得我們一塊兒去龜蒙山那次，你說要介紹一位朋

友給我認識？」杜甫愉快的回憶。

「當然記得，我們去那兒拜訪元丹丘，三個人講了一夜的話。」李白說。

「我們度過了十分快樂的時光，」杜甫高舉酒杯：「敬你！」

「乾杯！」李白也舉起杯子。城門外楊柳依依，兩人對著餞別酒筵，舉杯互祝平安。

秋風輕輕吹動他們的衣襬，飄飄如天上的雲彩。

遊歷四方

「碰——碰——碰！」門外傳來沉重的叩門聲，「我爹出門去啦！」伯禽一面喊，一面跑去應門。門一開，一個高大英挺的身影矗立在他眼前，眼中滿是笑意：「你爹回來啦！」天寶九年，五十歲的李白由南方返家，他愉快的修道煉丹，讀書寫詩，陪伴許久不見的家人。

「最近讀書有心得沒有?」李白問。「四書都背熟了,現在正學作古文呢!」伯禽恭敬的說。一旁家僕也答道:「少爺天天認真讀書,說是怕辜負母親的期望。」

「唉!只嘆你娘去世得早,沒能見你長這麼高……」李白嘆口氣,摸摸伯禽的頭髮。伯禽想了想,問:「爹,前個月有人送消息來,說是爹的好朋友去世了。我請人送信給您,您收到了嗎?」

「收到了。可悲啊!李邕、裴敦復是我的知交,一生正直果敢,只因得罪李林甫,竟然被活活杖殺,不得善終。＊可惡可恨

放大鏡

＊這兩人是被權相李林甫所迫害。杖殺屬於古代刑罰之一,是用木棒、竹板把人活活打死。唐代死刑有絞刑、斬刑二種,杖殺屬於法律之外的酷刑,主要行刑對象是朝廷官員。當時的宰相李林甫為了保持自己的權勢,一方面操縱科考,讓考生全部落榜(他對皇帝恭賀:「這次的考試考生全不合格,可見我們已經網羅了所有人才,民間沒有遺留的人才啦。」而杜甫非常不幸的也在這批可憐的考生之內);另一方面製造冤獄,迫害那些正直賢能的官員。

的李林甫！」李白的眼睛燃燒著憤怒的火焰，好一會兒才平靜下來，轉頭詢問伯禽：「爹寄給你的詩，收到沒有？可都用心讀了？」

伯禽高興的答道：「讀了。爹爹寫的記遊詩歌〈夢遊天姥吟留別〉＊，用了許多的神話典故，我問了老師，原來這些神話大半出自《楚辭》。老師說，想必天姥山是個極為美麗又充滿神祕色彩的地方，所以爹才會這樣寫。爹，天姥山真是神祕又漂亮吧？我長大後一定要去看一看。」

「呵呵，天下名山勝水，可不只天姥山一處。」李白陷入回

放大鏡

＊這首〈夢遊天姥吟留別〉是李白作為浪漫主義詩人的代表作。他在詩中注入強烈主觀色彩，以豐富的想像，將神話、傳說與現實融為一體，鮮明的表達自己的思想感情。李白繼承屈原和莊子所開發的浪漫主義傳統，以他叛逆的思想、豪放的風格，反映了盛唐時代樂觀向上的創造氣象，以及不滿黑暗現實的批判精神；擴大了浪漫主義的表現領域，豐富了浪漫主義的表現手法，締造了浪漫主義詩歌的新高峰。

憶一:「金陵鳳凰臺、洞庭湖月色、
長安樂遊園……」

　　故舊們知道李白返家，紛紛
登門造訪，李白的好友宗璟更是
積極邀請李白到梁苑一遊。宗璟
家是世家大族，他的祖父宗楚客
曾經當過三次宰相。宗璟熱情的
帶李白遊山玩水，又招待李白到
他豪華舒適的宅第作客，還準備
了滿滿一桌李白愛吃的菜為他接
風。

　　宗楚客對李白印象非常好，
不斷談起他有個未出閣的孫女，
宗璟也在一旁敲邊鼓:「祖父說的
是！姐姐清秀優雅，喜歡文章、
喜歡習劍、喜歡神仙道術，最重
要的是有副溫柔善良的好心腸
呢。」

　　「就是眼光高了點，還不肯
嫁人，說是要照顧我。其實我有
璟兒在旁邊嘛，再說我身體好得
很呢！」宗楚客一面說，一面意味

深長的看了李白一眼。

　　幾個月以後，宗家舉行熱熱鬧鬧的婚禮，鄉里的人全都跑來看熱鬧，新娘的腰肢像楊柳一樣纖細，滿頭的珠翠閃閃發亮；新郎更是不得了：那個雄姿英發、神采飛揚的高大男子，正是名聞遐邇的大詩人李白啊！

　　李白在家裡待了一段美好的蜜月時光，陪妻子四處遊玩，直到冬天才北上幽州。

　　幽州是當時的軍事重地，好武的李白對投筆從戎有一份莫名的憧憬，聽說大將安祿山＊在招兵買馬，李白不禁興起一探究竟的好奇心。他在邯鄲等地停留遊憩，親眼見到安祿山軍隊雄據一

放大鏡

＊安祿山　他原本只是一名小將，母親是突厥人，由於驍勇機智，熟悉邊地情況，又老奸巨猾，善於揣度人心，因此慢慢得勢。有一次，玄宗指著他的大肚子開玩笑說：「這裡面是什麼東西，怎麼這麼大？」安祿山回答：「只有一顆忠於皇上的心。」玄宗聽後非常高興，從此對他就像對待自己的親生兒子一樣寵愛。

方、意氣昂揚的氣焰：放眼望去，只見滾滾黃沙中矗立著密密麻麻的軍旗，密密麻麻的軍隊正在積極的演練著種種軍事陣法，寒冷的北風中隱隱傳來戰馬嘶鳴的聲音、兵器相擊的聲音，以及兵士們的吆喝聲。李白興味盎然的看著，不禁躍躍欲試，想要貢獻一己之力，馳騁沙場，為國爭光。

李白住進旅店裡。奇怪的是，旅店中竟有一種異樣的悲傷氣氛，完全不同於方才校練場上的熱烈激昂。

李白問了幾個人，才知道大唐爭討南詔的戰爭輸了，精銳的青年部隊全軍覆沒。李白並不怕戰爭，當玄宗發兵擊退進犯的吐蕃時，他也曾熱血沸騰的寫詩頌揚。但是，這場對南詔的爭戰，純粹是楊國忠＊為了增加個人聲望，拿百姓的生命當籌碼的死亡

賭局。引起戰爭的直接原因是大唐官吏對南詔十分苛刻，不但欺壓南詔人，還誣陷南詔要反叛朝廷，激怒了南詔，南詔發兵反抗。好大喜功的楊國忠就以此為藉口出兵征討南詔，派六萬大軍出征。結果大唐軍隊慘遭失敗，不僅使成千上萬的無辜士卒暴屍邊境，給少數民族地區造成了災難，而且使許多城鎮田園荒蕪，民不聊生。

「您聽說了嗎？征討南詔的戰爭輸了。」旅店裡一個商人低聲問李白。

「我聽說了，」李白皺起眉頭：「很慘烈，楊國忠根本不該發動戰爭的。」

＊楊國忠　楊玉環的哥哥，本名楊釗，皇帝賜名「國忠」。原本是蜀地一名小軍官，後來升至金吾衛兵曹參軍。楊玉環得寵，楊國忠憑著他的外戚地位接任了宰相。他不學無術，品行不端，許多人看不起他。

　　　　商人左右四顧才又低聲說：
「我聽說，南詔王本來要講和的，但是我方主帥不肯，硬是要打……」商人忽然泛紅了眼眶：「舍弟也死在這次戰爭裡！他才十八歲、十八歲啊！什麼都不懂，傻傻的出去，就再也回不來了……」

　　　　李白按住對方的肩膀，不知道該說什麼好，好長一段時間兩個人都沉默不語，都在想著同一件事──那個青年本來可以不必死的，但是一個錯誤的決定，一場沒有必要的戰爭，讓他青春燦爛的生命成為一個玩笑。

　　　　「我本來想從軍報國，想不到軍旅生涯也不過如此。」李白嘆息。商人用奇怪的眼神看他：「從軍？您說的是安祿山的軍隊?」李白點點頭：「聽說他是極厲害的猛將。」商人苦笑：「公子啊，這您就有所不知了……」商人四下張

望，確定沒有人偷聽以後，一把拽住李白的衣袖，低聲說：「公子，我看您這人好心，又同情舍弟，才好意跟您說。前相李林甫一死，大權落到楊國忠手裡，我聽說楊國忠和安祿山互相對立，您要投到安祿山麾下，總是小心一點好，只怕楊國忠容不下這批人，連帶您也遭殃。」商人沉吟了一會兒，又說：「話又說回來，安祿山這人還真令人害怕，總覺得他笑裡藏刀……聽說，他最近在招兵買馬，＊而且規模不小。想想看，他一個節度使，卻掌握北方大批精銳兵力！我總覺得害

放大鏡

＊安祿山「招兵買馬」是由於那時候實行「募兵制」，軍隊必須以招募方式找到兵源。唐前期實施「府兵制」，屬於義務兵制，士兵由權貴子弟或富有農民擔任 (這是為了保障官僚、地主的子孫成為軍隊的主幹，讓這批權貴子弟藉由戰功晉身仕途)。貞觀以後，府兵制漸衰敗，「募兵制」取而代之。唐代的募兵制一開始只是輔助性質，玄宗以後取代府兵制成為主流。募兵制用招募形式召集執行臨時任務的士兵，沒有固定的兵員編制與服役期限，素質也參差不齊。

怕，到底什麼事需要這麼多軍隊？」

李白感覺到全身冰冷。心中的答案漸漸成形：安祿山這個人野心勃勃，意圖謀反。李白連日來立功邊關的理想，霎時粉碎。

「多謝您告訴我這些，」李白向商人道謝：「看來目前不是從軍的好時機，我還是打道回府吧。從軍是為了報國，要是一不小心，遭奸人利用，反過來動搖大唐根基，那未免太冤枉了。」

告別幽州以後，李白向南返回家鄉。在揚州，李白遇到了正在苦苦尋找他的魏萬。

「李學士，我終於找到您啦！」魏萬高興的說，又喘著氣抱怨：「您走得好快呀！我從開封追到山東，又從江蘇、浙江一路尋來，一直到這裡才追上呢！」

魏萬原本隱居在王屋山求仙學道，因為仰慕李白，不遠千里

的南下尋訪。熱情善良的魏萬，和李白一樣熱愛文學與神仙。李白見到魏萬，彷彿看見年輕時候的自己，他非常喜歡這個年輕人，兩人結成忘年交，一起在廣陵、秦淮等地遊玩。

「真捨不得回王屋山！」玩得興高采烈的魏萬嘆口氣，李白拍拍他的肩膀：「記得莊子寓言中那兩條遇到旱災的魚嗎？」魏萬點點頭：「那兩條魚在乾涸的河床上掙扎求生，互相吐出水沫讓彼此呼吸，儘管牠們是如此相知相契，然而與其在乾涸的河床受苦，不如各自到河海中求生。牠們最後還是要分別，才能各自在長江與大湖悠然自得。」李白微笑道：「人生不也如此嗎？如果不放下對彼此的執著，又怎能獲得逍遙與自由呢？」*

魏萬要回去了，臨行前，李白交給他一個細心包裹的包袱，

包袱四四方方，沉甸甸的。李白誠懇的握住魏萬的手說：「這裡面是我所有的稿子，零零散散的沒個樣子。交託給你，請為我編輯成書吧！」李白個性瀟灑豪邁，雖然愛寫詩，卻沒有耐性從事繁瑣的整理工作，又不肯輕易將寶貝作品交託給不信任的人編輯，因此雖然平生所寫的詩文眾多，卻一直沒有花時間好好整理成冊。魏萬的熱情與才華令李白深深激賞，他決定將這份重責大任託付給魏萬。

心目中的偶像居然願意將作

放大鏡

＊莊子將社會現實譬喻為乾涸的水池，將固執守成的人譬喻成魚。莊子主張：與其執著於種種理念或情感，倒不如去體會變化不已的「道」，就像忘我的生活在浩瀚江河中的魚那樣。莊子追求精神與行動上的絕對自由，李白喜歡讀《莊子》，他的人生觀受莊子影響很大，莊子思想給了他衝開一切束縛的膽識，以獨特的氣概追求逍遙自由。這樣的思想與李白「平天下」的儒家思想相激盪，因此李白詩文中一方面出現對功名富貴的鄙棄，一方面又出現建功立業的理想，然而這兩股力量並不衝突，因為李白立志在建功之後功成身退，捨棄名位與財富，自在的遨遊於天地之間。

品交給自己編纂，這等於是間接的肯定了自己的能力啊！魏萬開心得簡直快要飛起來，他抱著包袱深深一鞠躬：「好的！我絕對不會辜負您的委託！」

　　和魏萬一樣熱烈崇拜李白的，還有一位名叫汪倫的文士。汪倫非常想見大詩人一面，知道李白旅行經過安徽，特地邀請李白去他的家鄉涇縣遊玩。李白對世人們的崇拜並不十分放在心上，但是汪倫的信深深打動了他：「李學士可喜歡春日桃樹落英繽紛的美麗景色？我們這裡有十里長的大片桃花林。聽說您愛詩愛酒，您可喜歡酒樓中各種珍釀美酒任君挑選的暢快？我們這裡有萬家酒樓。」「一家酒樓至少一種酒，一天喝一家，一年都喝不完耶！」李白想到十里那麼長的桃花林花開的盛景，再想到美酒的滋味，迫不及待的動身去拜訪汪

倫。

汪倫早等在江邊了，他熱情的拉著李白，李白興致勃勃的問：「你信上說的十里桃花呢？快帶我去看吧！」

「當然當然！就在前面，過了小山坡就是我們村莊，十里桃花就在那兒！」

到了目的地一看，哪有什麼桃花林？只有一個翠綠如玉的美麗水潭，潭邊開了幾簇鮮豔的山茶花。李白東張西望，他問汪倫：「這裡沒有桃花啊？」

「嗯，您眼前這個水潭，方圓十里，叫做『桃花潭』，我說十里桃花就是指這裡。」汪倫一本正經的解釋。

李白笑起來：「這倒也是！是『十里桃花』沒錯！那麼萬家酒樓又在哪裡呢？」

汪倫愉快的向前一指：「就是那裡啦！」

　　李白一看，哪有想像中萬家酒旗飄揚的盛況？整個市鎮只有一家酒館，門上寫著「萬家酒樓」。

　　李白又好氣又好笑的看了汪倫一眼，汪倫無辜的說：「老闆姓萬，是叫『萬家』沒錯啊……」李白哈哈大笑：「好一個『萬家酒樓』！我們就喝它個不醉不歸！」

　　他們喝乾了一壺又一壺酒，大部分都是李白喝的，因為全鎮的人都聽說李白來啦！大家扶老攜幼、爭先恐後的來看大詩人，一個個排隊敬酒，人人臉上都堆滿真摯的笑容，汪倫顯得尤其興奮，他終於見到仰慕已久的大詩人了！

　　汪倫留李白住了幾天，涇縣清幽美麗，像仙境一樣，李白天天喝酒賦詩，玩得好開心！臨行，汪倫送了李白好多禮物，大家萬分不捨的送李白到江邊，還

一直叮嚀:「再來玩啊！一定要再來喔！」小舟漸漸駛離岸邊，汪倫與村民踏步唱起優美的民謠為李白送行。李白好感動，霎時文思泉湧，三兩下便作好一首詩，高聲吟誦起來。誦讀聲傳到岸上，傳到汪倫耳際：

　　李白乘舟將欲行，
　　忽聞岸上踏歌聲。
　　桃花潭水深千尺，
　　不及汪倫送我情。

　　「這首詩送給你！」李白扯開嗓子，開朗的向汪倫招招手。

　　汪倫感動得不知如何是好，他呆呆的站在岸邊，直到李白的船消失在水天交界的盡頭。

滾滾烽煙

　　當李白沉浸在桃花流水的世外桃源之際，桃源外的世界已經

一步步捲入恐怖的戰爭陰影之中。

「安祿山造反！」

「安祿山的軍隊殺了好多人！」

「安祿山已經把洛陽打下來，聽說好幾個州已經落入叛軍手中！」

「下一個一定就是長安，我們該怎麼辦？」

這一年是天寶十四年，安祿山果真如李白所預料的造反了，他以討伐「逆賊」楊國忠為理由，發動戰爭。＊

「楊國忠是奸臣！我們要為國除害！」安祿山的軍隊高聲叫著，一面毫不留情的砍殺大唐軍隊，攻陷一個又一個城池。

恐慌的氣氛迅速蔓延整個大唐帝國，人們驚惶的爭相奔走，交換聽來的小道消息。李白匆匆趕路，急著回家安置家人。一路

上只見大批的難民流離失所，小孩子被揣在母親懷中，一開始還會哭，會抽抽噎噎的說：「娘，我好餓、好餓……」李白掏出身上所有的銀兩想救人，卻買不到適合的食物。後來難民開始吃草根，吃土塊。過了幾天，小孩子不哭了，頸子軟軟的垂著，眼睛緊閉，身體冰涼。李白覺得非常難過。

回到家，所幸家人都還平安，李白急忙帶著家人逃到廬山避難。戰火仍然繼續延燒，烽煙

放大鏡

＊安祿山在天寶元年擔任平盧節度使，天寶十年又兼任范陽、河東二節度使，大權在握。他曾多次到長安，目睹朝政腐敗、軍備空虛，認為有機可乘，於是開始積極部署：首先把范陽的三十二名漢將全部撤換成自己的親信；玄宗召他去長安時，他也推託有病不去（他才不離開自己的軍隊和地盤）。

天寶十四年，安祿山假造玄宗的詔書，召集將士宣布：「皇上密令，要我們立即進京討伐楊國忠！」他率領十五萬大軍自范陽起兵，唐朝政府完全措手不及（軍隊大部分在西北邊疆，來不及回來），勉強募集了六萬人應戰，然而這樣的烏合之眾怎麼抵擋精銳的十五萬敵軍？短短一個月，洛陽宣告淪陷。

隨著軍隊的遷移，吹送到這個寧靜的小村，李白四處打聽關於戰爭的種種消息，他掛慮著：長安不知保不保得住？皇上有沒有危險？

　　李白擔心的事情終於發生了，這天一出門就聽到人們擔憂的談論著：「潼關破了！長安失守了！」李白大驚，只聽見一個死裡逃生的文士，口沫橫飛的描述著：「真是太可怕了，叛軍攻入長安，大肆掠奪，殺害皇孫、公主、駙馬、朝臣數百人，城中居民的衣服財物被掠奪一空，男子被當成奴隸，老人、幼兒和殘疾者則被挖出心臟……」

　　「那皇上呢？」李白著急的問。

　　文士抬起頭：「皇上沒事，軍隊已經保護他逃出長安。」

　　「有軍隊在？那應該還好……」李白掛念的說。

文士又說:「我一路上聽人家說,軍隊到了馬嵬坡以後,全軍又餓又累,他們把一腔怨氣出在楊國忠身上,認為安祿山本來就是衝著他來的,卻連累所有人家破人亡,於是軍隊叛亂,殺了楊國忠!」*

李白慷慨激昂的說:「這怎麼能說叛亂呢?不是楊國忠蒙蔽天子,大唐哪會走到這步田地!」

文士冷笑著:「怎麼不是叛亂?軍隊殺死楊國忠之後,皇上有意安撫軍心,大軍害怕楊娘娘日後挾怨報復,要求皇上賜死貴妃,他們還威脅皇上,貴妃一日

放大鏡

＊楊國忠因為楊貴妃的關係高居相位,然而他生活奢侈腐化,對人民疾苦漠不關心,安祿山發動叛亂的藉口就是討伐楊國忠。玄宗一行走到馬嵬坡時,士兵又累又餓,拒絕繼續前進。楊國忠的政敵乘機煽動士兵,說這場叛亂全是由楊國忠引起,殺了楊國忠就可止息叛亂。這時有多名吐蕃使者在驛站西門外堵住楊國忠的馬頭,向他要飯吃。被激怒的士兵們立即包圍他們,大喊:「楊國忠與吐蕃謀反!」軍士蜂擁而上,將楊國忠與吐蕃使者亂刀砍死。

不死，他們就一日不往前走。敵軍緊追在後，哪容得一時半刻的拖延？皇上迫於大局，下令貴妃自縊！您看來也是位讀書人，不妨評評理：做屬下的這樣逼國君，怎麼不是叛？怎麼不是亂！」

李白默默聽完，不禁為皇上與貴妃的不幸遭遇感傷，又想起當年沉香亭畔的盛事，以及因觸怒楊貴妃而失去皇帝寵愛的過往，內心有無限感慨。

回到家後，李白常常想起文士的話，記掛著國家安危，恨不得自己有力量平定叛亂，解救受苦受難的百姓。

這天，一位朋友來拜訪李白，帶給李白一封信：「這是永王托我轉交的，希望你能助他一臂之力，共同收復河山！」

李白展開信，原來玄宗為了增強大唐兵力，命太子李亨任朔方、河東、河北、平盧節度使，

命永王李璘任山南、嶺南、黔中、江南西路節度使，招募數萬軍隊，齊心討伐安祿山。李白讀完信，熱血沸騰，於是告別了妻子兒女，赴永王幕府效命。

永王雖然有些剛愎自用，卻不失為忠心耿直的將領，幕府中上上下下洋溢著救國殺賊的氣氛。李白受到很大的鼓舞，他以輔佐東晉抵抗外侮的謝安自我期許，滿心期待自己也能掃蕩叛軍，他在詩裡寫著：「諸侯不救河南地，更喜賢王遠道來」、「南風一掃胡塵淨，吸入長安到日邊」，他稱讚永王是位「賢王」，期望能跟隨永王，乘著南風的勢力，一舉反攻北方失土，詩句中在在洋溢著報國熱誠。

正當永王幕府上下積極準備討伐安祿山之際，有人偷偷傳來一個可怕的消息：太子李亨打算出兵征討永王。

「大事不好！永王被視為亂黨了！」

「糟糕，弄不好要殺頭的！」

「太子為什麼說永王是亂黨？」

原來此時太子李亨已經在靈武即位，*在他眼裡，永王積極招兵買馬，有意圖謀反之嫌。永王隱約感覺到李亨的敵意，卻不以為然，他對李白說：「當初父皇急著離開長安，是曾經說過要讓位給他，不過那只是口頭說說而已，他居然自以為是的當起皇帝來！」*

放大鏡

＊馬嵬坡兵變後，玄宗倉皇逃向西南方的四川，李亨則逃向西北邊的靈武。部分大臣發動和平政變，擁立李亨為肅宗，並尊玄宗為太上皇。其實，肅宗即位幾乎是自立為王，然而他聲勢壯大，最後玄宗只好讓步。長安光復後，玄宗在宣政殿將傳國璽授給李亨，才當面確認了李亨的皇帝身分。

＊唐代帝位的授與有所謂的「三辭三讓」，當皇帝表示要傳位給太子時，太子不能一下子就答應，要先推辭，然後皇帝會再次表示要傳位，這樣一來一往三次，才算完成。玄宗倉皇逃出長安時，的確曾經表示要傳位，但是由於時間匆促，根本沒有完成「三辭三讓」。

李白想了想說:「既然還沒正式完成授與,皇帝是誰自然沒有變。」

永王激動的說:「正是如此!所以我奉父皇之命討伐安祿山,仰不愧於天、俯不怍於地!」

另一個將領搖搖頭說:「太子可不這麼想,他認為皇上既然開了金口,自己自然已經是皇帝了。永王,咱們認了吧,別打了!」

「怎麼不打?大片國土陷落賊人之手,難道我們坐著不管嗎?」永王大怒,官員們都不敢再說話。

永王最後還是發兵丹陽,此次的軍事行動給了李亨出兵的藉口,打著討伐叛軍的名號,殲滅永王的軍隊,永王兵敗被殺,肅宗下令查辦所有相關人員。

李白因為待過永王幕府,也被列入黑名單,關進不見天日的

潯陽地牢。地牢很黑，只在很高的地方開一條長方形的縫隙當窗子，白天，陽光會把那方縫隙染成白色，但是也僅止於此了，大部分的空間都是昏暗的，暗得令人沮喪。地板上溼黏黏的，有汙水，有尿液，有犯人身上的濃血，薰人的臭味瀰漫在牢房中。大老鼠竄來竄去，伺機啃咬人的腳趾；臭蟲和跳蚤躲在角落，只要被叮咬一口就全身麻癢。食物更是可怕極了，一小瓢混濁的水，一小碗黑糊糊天知道是什麼的穀物，還發出腥臭的氣味。

　　在昏天黑地的牢獄中，李白強忍著種種瘴癘之氣的折磨，寫信向朋友求救，並將自己對國家的忠誠、以及在永王幕府的前因後果寫成一份自白書。負責主審李白的判官宋若思一向仰慕李白的才華學識，他仔細看過李白所寫的自白書，發現李白其實是無

辜的，便將他暫時釋放出來，網羅到自己的幕僚之中，李白便協助處理一些繁瑣的文書事務。

這天，府中文書工作告一個段落，李白信步走到市集上散心。遠遠的只聽到一陣熟悉的樂曲，竟是李龜年為〈清平調〉譜的曲子！李白大吃一驚，連忙奔向前，只見小小的酒樓裡，幾個樂師懶懶的彈著琴，一個容貌秀麗的歌女正準備唱歌，竟是段小青。一見到李白，她神色大變，快步走到李白身邊：「李公子，您總算被釋放出來了！總算是老天有眼。」李白勉強一笑：「段姑娘，我剛才似乎聽到宮中才有的樂曲，這是怎麼一回事呢？」小青嘆口氣：「長安城破，御用樂師都流落到民間啦！連帶的宮中樂曲也被帶了出來，我才有機會學一兩支宮中曲子。您坐會兒，我來給您唱一首吧！」

　　小青上了臺，從樂師手裡接過古琴，撫絃而歌：「雲想衣裳花想容……」一面唱一面看著臺下的李白。

　　小青發現李白老了，斑白的頭髮取代了昔日烏黑的青絲，無情的皺紋悄悄爬上曾經光潔飽滿的額頭。那個白衣翩翩的青年俠客，如今只是個身繫囹圄的老人，昔日的青春俊美已經消逝，只有那雙眼睛，還可以看到那個活潑浪漫的美麗靈魂。

　　李白邊聽歌邊想，婉轉悅耳的〈清平調〉至今仍然被傳唱著，而當年曾經共享這首詩歌的三個靈魂人物呢？國色天香的妃子已香消玉殞，風雅瀟灑的皇上也被迫流亡，至於自己更是落魄江湖。

　　想起昔日宮中備受榮寵的歲月，與眼下失意憔悴的日子相比，人生變化真如滄海桑田。他

不禁默念著心愛的作品:「棄我去者昨日之日不可留，亂我心者今日之日多煩憂。……抽刀斷水水更流，舉杯銷愁愁更愁。人生在世不稱意，明朝散髮弄扁舟。」遠去的美好時光啊，留也留不住；讓人心煩意亂的今日啊，又令我煩惱憂愁……想用刀斬斷愁緒，愁緒卻如流水般斬也斬不斷；想喝酒消去愁緒，愁緒卻越喝越深、越喝越重。人生，有太多的不如意，多想拋下一切，將自己遠遠放逐到海上，駕一葉扁舟，自由漂流。

李白仰頭喝乾壺內的酒，雖說「舉杯銷愁愁更愁」，然而此刻除了藉酒暫時麻痺自己的傷痛之外，他又能怎麼辦呢？

長流夜郎

李白被收到宋若思幕僚的事情，引爆了一場爭論，一派以宋

若思為首，堅決主張李白清白無辜；一派則以肅宗為首，打算將與永王有關的所有人等趕盡殺絕。

肅宗的營帳中正為了李白的事情吵得沸沸揚揚，一個巴結肅宗的臣子義正辭嚴的說：「李白跟隨永王，這本來就是反叛，所幸天理昭彰，皇上萬不可因太上皇曾經寵信他就網開一面。」

「李白並沒有謀反之心，他會加入永王幕府是情勢所迫！」一個支持李白的臣子辯駁。

宋若思也拿出李白寫的自白書證明李白的清白：「皇上，李白是情勢所迫加入永王幕府，這份自白書可以作證！」

「哼！寫自白書誰不會？他最會寫文章了不是嗎？」另一個討厭李白的臣子跳出來，火上加油的指著宋若思說：「倒是你，負責審理他的案子，卻公私不分，先

是假釋他出獄，又把他留在你的幕府之下。你到底是何居心？」

「你不要含血噴人！」宋若思氣壞了：「我是把他留在幕府沒錯，但我是為了替朝廷薦舉人才，可不像某些妒賢嫉才的小人，見不得別人好！」

「我妒賢嫉才？你才是勾結亂黨！」

「夠了！」肅宗不耐煩的制止：「通通別吵了！」

「皇上，老臣可是為了皇上啊……」討厭李白的臣子假惺惺的哭泣，他知道肅宗並不相信李白，拚命附和肅宗的意思。

宋若思還想再勸諫，一旁一個高大英武的將軍走上前，正是郭子儀＊。「皇上，李白並不是會謀反的人。」郭子儀清晰而緩慢

＊郭子儀　唐代名將，肅宗在靈武即位後，郭子儀到靈武輔佐肅宗，擔任兵部尚書兼宰相，率領唐軍收復大片失土。

的說著，字字充滿飽滿的力量。

蕭宗眉頭一皺，冷笑著說：「你們都說他不會謀反，可是這種事誰能保證？」支持李白的官員們面面相覷，不知怎麼回答。

郭子儀深深一揖：「微臣敢保證！微臣願意免官，換取李白不死！」

郭子儀的擔保鎮住了其他朝臣的懷疑，蕭宗沉吟許久，心想李白的確不構成政治威脅，一方面又感念郭子儀平定叛亂、護駕有功，擺擺手說：「朕准你所奏。不過免罪是不可能的，改判流放夜郎吧！」＊郭子儀連忙下拜謝

放大鏡

＊唐代刑罰分五個等級，最重的是死刑，流放是第二重的刑罰，將犯人流放到偏遠地方，不准回鄉，不得與親友同行，而且必須在限定時間內到達流放地，否則就要受懲罰。流放地多半地處偏遠，多瘴癘之氣、毒蛇猛獸，行走其間十分辛苦。

夜郎是唐代的一個縣，在今天貴州桐梓縣一帶，和成語「夜郎自大」的夜郎國不同。歷史上，夜郎常常被視為蠻荒偏遠的流放之地，僅僅在唐朝三百餘年間，被謫貶流放到夜郎的官員就有三四十人之多。

恩，又趕著下朝將這個好消息傳達給李白。

「李學士！好消息！皇上免除你的死罪了！」郭子儀對李白說。

「皇上？」李白百感交集，他想起受玄宗寵愛以及被玄宗冷落的日子，加上這段日子以來玄宗之子肅宗對他的遷怒，不禁感嘆：「唉！人說伴君如伴虎，我到今天才明白。」說著對郭子儀深深一揖：「多謝郭令公相救！」

「學士快快請起！」郭子儀忙扶起他：「李學士！您或許已經不記得了，多年前我犯了軍法要被處死，幸好您剛巧經過，奔走相救。想當年我不過是個無名小卒，您卻願意向地方官員擔保……」

李白聽了，猛然想起塵封已久的往事。

當年李白正值意氣風發、受

盡皇帝恩寵之際，一回出宮飲酒遊玩，忽然見到一列士兵押著一個頭髮散亂的小卒經過，小卒目光炯炯有神，逼出兩道英氣，深具識人之明的李白，看出這個小卒擁有不凡的才華氣度。李白上前詢問，發現小卒不過逞意氣之勇一時犯了過錯，並非大奸大惡之人。李白愛惜人才，於是四處奔走營救，最後小卒的罪終於由死刑改為發配邊疆……

「李學士，死罪雖可免，卻仍須放逐夜郎。在下雖以官職相擔保，依然無法讓您完全無罪啊！」郭子儀深深一嘆，將李白從回憶中拉回現實。

李白感動的說：「郭令公捨官相救，李某感激不盡！」

「李學士請放心，這一路上，我會安排故舊部屬照顧您。您安心啟程吧！」

至德二年（757年），死裡逃生的

李白被流放夜郎。

李白出發了，以五十七歲的垂暮之年，冒著洞庭三峽的險惡風濤，登上漫長的流放之路。夜裡，他們就停泊在岸邊。李白翻來覆去，輾轉不能眠。

他想起楚國的愛國詩人屈原，屈原不被君王了解，還被流放到遙遠的地方，孤單的在汨羅江畔徘徊吟詩。李白覺得自己的遭遇和屈原當年被放逐江南、行吟澤畔的境遇十分相像，想到不可企及的「赦令」，李白心中痛苦極了。

船逆江而上，行駛到西陵峽中段，這一帶險灘密布，怪石環生，一個不小心就會翻船；再加上惡浪滔天，船夫努力了好久，他們還是被困在這個河段，動彈不得。

李白立在船頭，遙望南岸的黃牛岩，凝視廣闊的白色岩壁上

黑色人影牽著黃牛的巨大天然圖像。遠處有人長聲吟唱，仔細傾聽，唱的是：「朝發黃牛，暮宿黃牛，三朝三暮，黃牛如故。」李白聽見了，好奇的問：「那個人唱什麼『黃牛』、『黃牛』的，到底是什麼意思？」

　　船夫指著前方的岩石解釋：「他在唱三峽古謠，『黃牛』指的就是我們現在看到的黃牛岩。這首歌是說：這裡水勢險惡，寸步難行，船行了好久都還在這一帶，黃牛岩老是在眼前。」

　　李白靜靜聽著歌聲，忽然想到：人為了生活四處奔忙，就好像黃牛被人們牽著鼻子、抽著鞭子役使一樣痛苦；他又想到自己崎嶇不平的仕途，就像這段水路一樣險惡難行，更別說等在前面的旅程是如何的險惡難料。李白心中一陣感傷，連日來的辛酸在胸中焠煉成美麗的詩句，他仰天

吟成一首〈上三峽〉。悲愴的長嘯與三峽古謠的歌聲相互應和，最後幾句尤其悲壯感人：「……三朝上黃牛，三暮行太遲。三朝又三暮，不覺鬢成絲。」悲傷的李白，似乎顯得更加衰老了。

河流好長好長，彷彿永遠走不到盡頭。儘管已經進入春季，夜裡依然帶著冬天的寒意，李白把好友託人送來的羅衣拿出來穿，飄飄的衣袂在風中翻動，像是鵬鳥的翅膀，披著又輕又暖的羅衣，彷彿披著摯友重重的思念與牽掛，＊李白孤寂的內心也因此獲得些許溫暖與安慰。子規鳥

放大鏡

＊此時，遠在天涯彼方，聽聞李白被流放的杜甫，寫下真摯感傷的詩〈夢李白〉，詩中說：死別往往使人泣不成聲，生離令人更加傷悲。江南山澤是瘴癘流行之處，被貶謫的人為何毫無消息？老朋友你忽然來到我夢裡，因為你知道我常記掛你。你如今陷入囹圄身不由己，哪有羽翼飛來這北國之地呢？夢中的你是鬼魂嗎？……杜甫對夢見李白又是感傷、又是憂懼，感傷的是好友遠流他方，驚懼的是好友可能已經死在半途，才會到夢中向他告別。詩句婉轉哀戚，後代讀詩的人，無不為李杜二人真摯的友情深深動容。

在山間飛著，一陣陣悽楚的鳴叫聲：「不如歸去、不如歸去……」每一聲都牽動著李白的思鄉之情。船夫同情李白的遭遇，殷勤的陪他談天解悶。

「公子！」船夫指著山崖：「我們身旁這個峽口，叫做明月峽，上面有依著岩壁敲鑿的窄路，就是古棧道。」

李白輕輕嘆氣：「古棧道！古代多少英雄豪傑曾經匯聚在這裡，而今他們都死去了，古棧道卻依然存在。人生苦短，人在天地之間，何其渺小！」

「您別嘆氣，聽說今年關內大旱，為了祈福，皇上要大赦呢！」船夫安慰他：「老漢在渡口聽人說，這些天來了好幾位差爺，說是送朝廷公文，說不定就是特赦令呢！」

「我也聽說皇上大赦，只是左等右等，都不見赦免書。想來

永王一案非同小可，只怕皇上……」李白十分憂慮：「夜郎偏僻蠻荒，處處毒蛇猛獸，瘴癘橫生，這一去，別說不知何時能遇赦歸來，就連能不能保住性命都是問題。我身死不足惜，只可憐我那妻子兒女無人照料。」

月光下，江水泛著粼粼波光，李白望著江面的月影，輕輕念著自己從前作的詩：「床前明月光，疑是地上霜。舉頭望明月，低頭思故鄉。」故鄉的親人，現在也正望著月亮吧！李白默默想著，一面靜靜的喝悶酒，思念遠方的親人。

小船到了渝州一帶，這天才吃過早飯，幾個穿著官服的差使便來找李白，李白心頭卜通卜通亂跳，只聽見差使高聲宣布：「皇上有旨：赦免天下罪犯，凡是死罪的全改為流放，流放罪以下全部赦免。罪犯李白，觸犯重刑，

本應流放夜郎，今則遇赦免刑！」

李白精神一振，高聲歡呼：

「是真的嗎？你說的是真的嗎？」

差使看起來很疲倦，但是臉上堆滿笑容：「是真的！皇上大赦，你可以回去啦！」右手揚一揚蕭宗發布的赦書。

李白激動極了，真是絕路逢生啊！他被赦免了！他自由了！李白開心的大笑，笑聲驚起一群正在休息的子規鳥，「啪啦啪啦」鼓動翅膀的聲音在山谷中回響著。

歸途真是一段輕快而美麗的旅程！

一早，天才朦朦亮，李白就揉著惺忪的醉眼，從雲霧瀰漫間出發。溼潤的雲霧拂在臉上，涼爽的水氣讓人一下子清醒過來。船行得飛快，一時激流飛舟，順浪而下，圍繞在彩色雲霞間的白帝城，一下子被拋得好遠。岸邊

猿猴的叫聲不絕於耳，像是在苦苦挽留他們不要離開，一眨眼，小船已經穿過好幾個山峽。李白迎著日光，縱聲高歌：

朝辭白帝彩雲間，
千里江陵一日還。
兩岸猿聲啼不住，
輕舟已過萬重山。

風飽飽的漲滿李白的衣袖，李白的心也被歡喜漲得飽飽的。小舟輕快的繞過幾個河灣，往東行去。

月下詩魂

遇赦歸來後，李白帶著劫後餘生的欣喜，由江夏到豫章，與夫人團聚。

這一年，李白六十歲。

李白家居的日子好快樂，夫妻倆煮茶吟詩，煉丹修道，還一

起去廬山尋訪女道士李騰空。那是多麼愉快的旅行啊！不論李白說什麼，夫人總是很快能懂他的心情，他們一路上盡情的欣賞名山大川，兩人默契十足，似乎眼睛看的、心裡想的都是同一件事，只要一個眼神交會就能明白彼此的情意。

「得妻如此，我這一生已十分滿足！即使現在就死了，也瞑目了！」李白對妻子說。

夫人憂愁的說：「夫君為什麼說這些不吉利的話？」

「哈哈哈哈！人總逃不過一死，我年事已高，死亡在我看來不過像是遊子歸鄉一樣，有何可怕？」

不久，李白聽說朝廷為消滅安史之亂餘黨，四處招募兵馬的消息，於是再度興起立功報國的理想：「從前，我想報效國家卻苦無機會，這次我一定能盡一己之

力，掃蕩安史亂軍的餘孽！」＊

夫人一聽十分擔憂：「從軍？夫君年事已高，軍旅生涯顛沛流離，恐怕您身體承受不起。」

李白不慌不忙的回答：「姜太公為文王所用的時候，已經七十多歲，我還比他年輕十多歲呢！」

暮年從軍，李白的雄心壯志不遜於其他兵士，他取出塵封已久的寶劍，往臨淮出發。但是李白畢竟不年輕了，還沒走到目的地，他就病倒了，不得不折返。

「只差一點，這一次真的只差一點……」病榻上的李白輕輕喟嘆，夫人溫柔的安慰他：「等夫

放大鏡

＊安史之亂發展到後來，叛軍內部起了內鬨：安祿山被他的兒子安慶緒所殺，安慶緒又被史思明所殺，史思明又被他的兒子史朝義殺死。這場內戰時而緩和、時而緊張，本來唐朝政府已經收復長安和洛陽，史思明又把洛陽打下來，後來史朝義殺了父親，率領精銳騎兵包圍宋州，東南方陷入危急。朝廷命令大將李光弼負責對抗史朝義，並封他為河南副元帥、太尉兼侍中，任務是鎮守臨淮，防禦史朝義的軍隊南下。李白就是想趕到臨淮去，為這場保衛戰盡一己之力。

君身體養好了，下次再去也不遲啊！」李白戚然一笑：「沒有下一次了……」一滴淚水滑過他的臉頰。

上元二年（761 年）秋天，李白到當塗投靠親戚當塗縣令李陽冰。李白的身體大不如前了，這一兩年困頓的生活尤其令他憔悴，李陽冰為他整理了一間安靜雅致的小房間，讓他靜心養病。

這一天晚上，月光特別皎潔，李白忍不住披衣而起，走出房門。夜晚的空氣特別冰涼，李白帶著一二侍從走到一個美麗的湖邊，登上小船，命船夫划到湖心。水面閃爍著銀色的月光，天上一個月亮，水中也是一個月亮。李白望著水中的月亮，臉上浮現淘氣的笑容：「真好看！我來捉捉看！」啪喇一聲，水花四濺，李白捧起滿掌湖水，水面的月影被打亂了，李白掌中則映著一只

小小的月亮。

「哈哈哈！月亮啊月亮啊，想當年，我曾邀你共飲，你看過我在長安最輝煌的歲月，也看過我被留放夜郎窮途潦倒的樣子。哪一次你不是高高在上，冷冷看著人間的繁華與衰敗？這下子，可讓我抓到你了吧？哈哈哈！」他一身白色的外袍隨風舞動，飄飄若一隻美麗的大鵬。一旁侍從先是看得呆了，好一會兒才反應過來，連忙向前拉住李白：「老爺小心受涼！李陽冰大人要是怪罪下來，小的可擔待不起！」李白醉倒了，侍從忙命船夫將船划回岸邊，送李白回府。

「老爺不是小孩子了，怎麼還玩撈月的遊戲呢？跌到水裡怎麼辦？」

「詩仙詩仙，真成了神仙，家人要悲傷成什麼樣子喔。」

隨行侍從嘴裡念念有詞，李

白聽見了，呵呵一笑：「你們都別吵。我的生命，我自己還不知道嗎？告訴你們，這一回我可真要走啦！」

侍從嚇了一跳，李白揮揮手說：「聽我作首詩吧，」接著高聲吟誦：「大鵬飛兮振八裔，中天摧兮力不濟。餘風激兮萬世，遊扶桑兮掛左袂。後人得之傳此，仲尼亡兮誰為出涕？」聲音悲壯蒼涼，侍從雖聽不懂詩句的意義，也不禁一陣心酸，勉強打起精神問：「老爺，這詩說大鵬飛不飛的，是在說什麼啊？」

李白嘆口氣說道：「大鵬就是我啊！我就是那想飛而飛不高、飛不遠的大鵬鳥啊！」

這就是李白的遺作〈臨終歌〉，詩中又一次以大鵬自比，這首詩是說：大鵬的飛翔振動天地宇宙，但是牠終究還是力氣不足、要殞落了，後世讀到這首詩

的人，誰能了解我的苦衷、為我悲傷呢？

實應元年（762年）十一月，李白永遠的沉睡了。

世人都說，李白不是死了，他本來就是天上的謫仙，如今他只不過再度飛回天上，繼續在天地間逍遙遨遊。

小檔案

701 年	出生。
727 年	與許圉師之女結婚。
730 年	告別妻兒，向終南山出發。
732 年	離開長安，與家人團聚。
742 年	蒙唐玄宗召見，後任為翰林供奉，因十分受寵，而遭到小人中傷。
744 年	向玄宗請辭，離開長安這個他長久渴望卻又令他失望的都城。
755 年	安祿山以討伐「逆賊」楊國忠為理由，發動戰爭，造成生靈塗炭。
757 年	被唐肅宗流放至夜郎，後又遇大赦。
760 年	由江夏到豫章，與妻兒團聚。
761 年	到當塗投靠親戚李陽冰。
762 年	去世。

國家圖書館出版品預行編目資料

欲上青天攬明月：李白／楊子儀著;夏燕靖,許東新,武
雪峰繪.－－初版三刷.－－臺北市：三民，2020
面; 公分.－－(兒童文學叢書／世紀人物100)

ISBN 978-957-14-4815-2 （平裝）
1.(唐)李白 2.傳記 3. 通俗作品

782.8415   96014305

世紀人物 100

欲上青天攬明月 ——李白

作　　　者	楊子儀
主　　　編	簡　宛
繪　　　者	夏燕靖　許東新　武雪峰

發 行 人	劉振強
出 版 者	三民書局股份有限公司
地　　　址	臺北市復興北路 386 號 (復北門市)
	臺北市重慶南路一段 61 號 (重南門市)
電　　　話	(02)25006600
網　　　址	三民網路書店 https://www.sanmin.com.tw

出版日期	初版三刷 2020 年 3 月修正
書籍編號	S781410
Ｉ Ｓ Ｂ Ｎ	978-957-14-4815-2